谨以此书献给我的家人

从谐奇趣到明轩

十七至二十世纪中西文化交流拾遗

FROM HARMONIOUS WONDER TO ASTOR COURT:
CULTURAL EXCHANGE FROM THE 17TH TO THE 20TH CENTURY
BETWEEN CHINA AND WEST

段建强 著
DUAN JIANQIANG

同济大学出版社
TONGJI UNIVERSITY PRESS

图书在版编目（CIP）数据

从谐奇趣到明轩：十七至二十世纪中西文化交流拾遗/段建强著. --上海：同济大学出版社，2019.7
ISBN 978-7-5608-8562-9

Ⅰ.①从… Ⅱ.①段… Ⅲ.①文化交流-文化史-研究-中国、西方国家-17世纪-20世纪 Ⅳ.①K250.3

中国版本图书馆 CIP 数据核字（2019）第 151424 号

本书图 8，9，10，13，14，16，17，18 由故宫博物院提供

从谐奇趣到明轩：十七至二十世纪中西文化交流拾遗

段建强 **著**

顾　　问：卢永毅
责任编辑：吕　炜
责任校对：徐春莲
装帧设计：完　颖

出版发行：同济大学出版社 www.tongjipress.com.cn
（地址：上海市四平路 1239 号 邮编：200092 电话：021-65985622）
经　　销：全国各地新华书店、建筑书店、网络书店
印　　刷：上海安枫印务有限公司
开　　本：889mm×1194mm 1/32
印　　张：7.25
字　　数：195 000
版　　次：2019 年 7 月第 1 版 2019 年 7 月第 1 次印刷
书　　号：ISBN 978-7-5608-8562-9
定　　价：60.00 元

本书由上海文化发展基金会图书出版专项基金资助出版

内容提要

十七至二十世纪中西方文化经历了从接触、融合、冲突、反复、重构相交替的过程。本书以十七世纪以来西方传教士在中国的文化交流活动为线索发端，通过对传教士书信、故宫档案文献和近代学术刊物等史料的研究整理，展现中西方在绘画和园林等方面的交流实践，记载了从西方传教士参与营建北京圆明园谐奇趣，到1978年明轩落户纽约大都会博物馆这三百年来的中西方文化交流事件。

本书适合对近代历史、中西方文化交流、艺术史和园林史感兴趣的读者阅读。

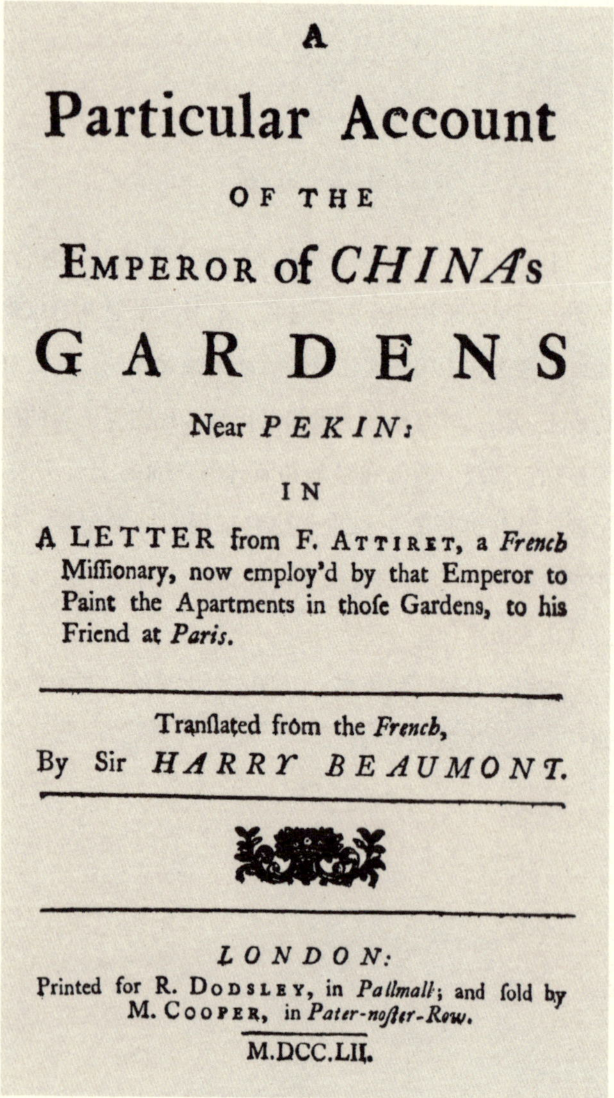

A

Particular Account

OF THE

EMPEROR of *CHINA's*

GARDENS

Near *PEKIN*:

IN

A LETTER from F. ATTIRET, a *French* Miſſionary, now employ'd by that Emperor to Paint the Apartments in thoſe Gardens, to his Friend at *Paris*.

Tranſlated from the *French*,

By Sir *HARRY BEAUMONT*.

LONDON:

Printed for R. DODSLEY, in *Pallmall*; and ſold by M. COOPER, in *Pater-noſter-Row*.

M.DCC.LII.

图 1　*A Particular Account of the Emperor of China's Gardens near Pekin* 书影

图2　利玛窦与徐光启

图3　南京大报恩寺塔

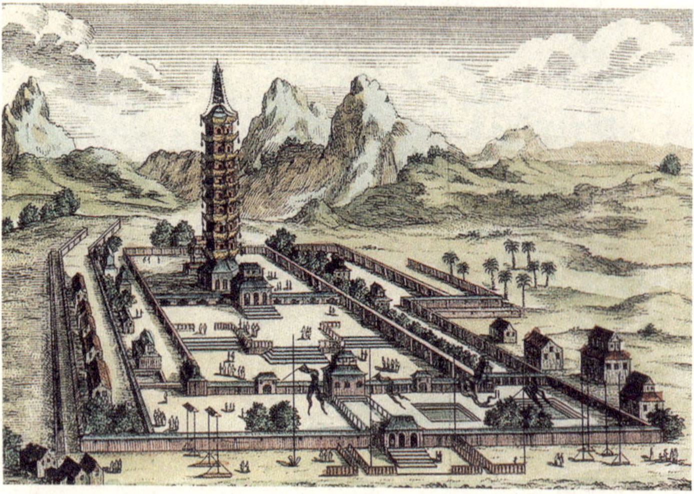

图4　纽霍夫绘南京大报恩寺塔

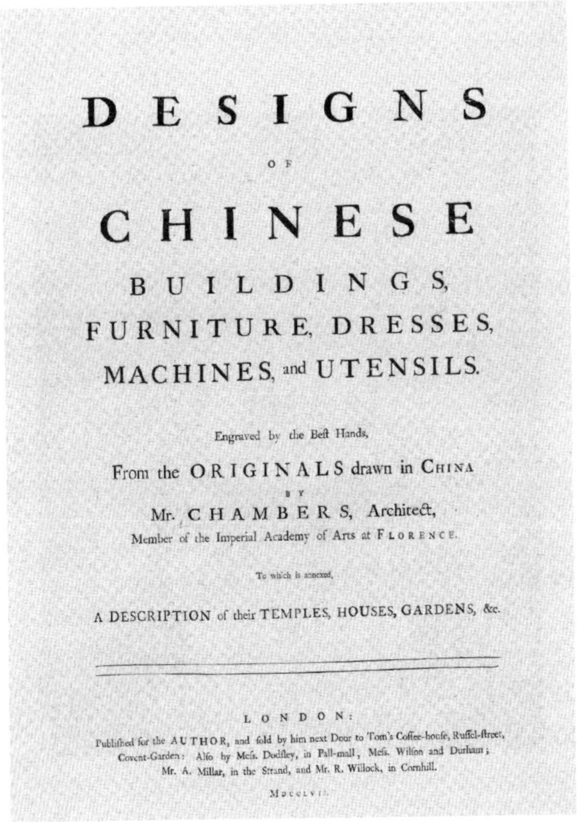
DESIGNS

OF

CHINESE

BUILDINGS,

FURNITURE, DRESSES,

MACHINES, and UTENSILS.

Engraved by the Beſt Hands,

From the ORIGINALS drawn in CHINA

BY

Mr. CHAMBERS, Architect,

Member of the Imperial Academy of Arts at FLORENCE.

To which is annexed,

A DESCRIPTION of their TEMPLES, HOUSES, GARDENS, &c.

LONDON:

Publiſhed for the AUTHOR, and ſold by him next Door to Tom's Coffee-houſe, Ruſſel-ſtreet, Covent-Garden: Alſo by Meſs. Dodſley, in Pall-mall, Meſs. Wilſon and Durham; Mr. A. Millar, in the Strand, and Mr. R. Willock, in Cornhill.

MDCCLVII.

图5 钱伯斯《中国建筑、家具、服装和器物的设计》书影

图6　王致诚绘达瓦齐像

图 7　王致诚绘达瓦像

图8 〔清〕郎世宁《柳荫八骏图》，
故宫博物院提供，摄影者：刘志岗

图 9 〔清〕郎世宁《弘历平安春信图》轴，
故宫博物院提供，摄影者：孙跃

图 10 〔清〕《弘历朝服像》，
故宫博物院提供，摄影者：冯辉

图 11 〔清〕唐岱、沈源合画，乾隆吟诗，汪由敦代书，《圆明园四十景图咏》绢本工笔彩绘本

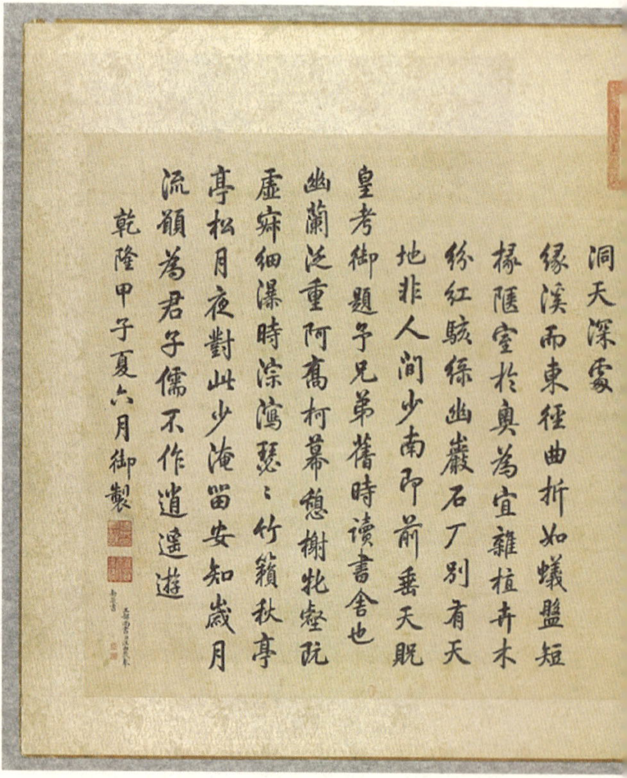

洞天深處

緣溪而東徑曲折如蟻盤短
椽匿室於奧為宜雜植卉木
紛紅駭綠幽巖石丁別有天
地非人間少南即前垂天貺
皇考御題予兄弟舊時讀書舍也
幽蘭泛重阿喬柯幕憩榭牝壑玩
虛籟細瀑時淙瀉瑟瑟竹籟秋亭
亭松月夜對此少淹留安知歲月
流顧為君子儒不作逍遙遊
乾隆甲子夏六月御製

图 12　“洞天深处”，内有“如意馆”之建筑群

图 13　印版《平定西域战图》1，
故宫博物院提供，摄影者：冷含章

图 14　印版《平定西域战图》2，
故宫博物院提供，摄影者：冷含章

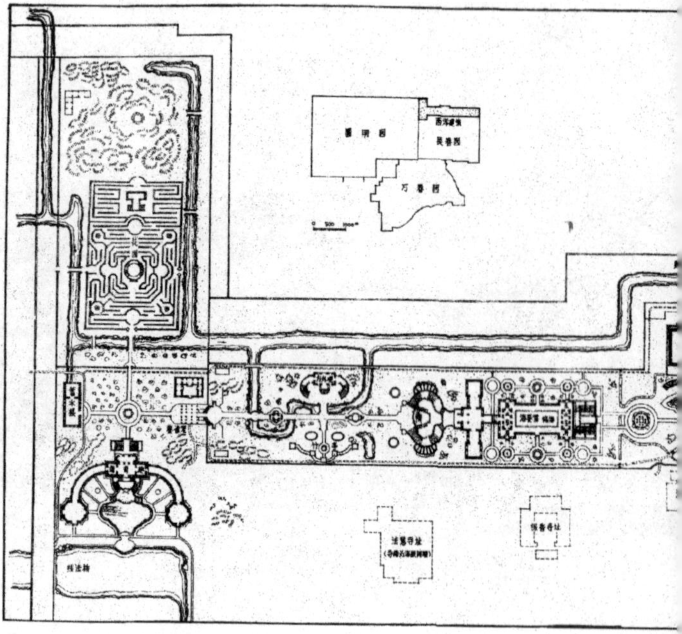
西洋建筑
万春园
蓄水楼
海晏堂
法慧寺址

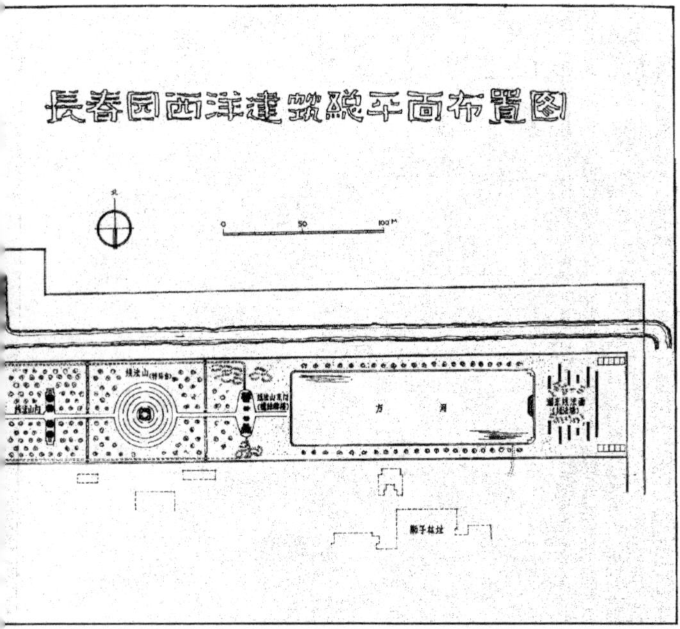

图 15　长春园西洋建筑总平面布置图

图 16　谐奇趣南面，印版《西式园庭水法图册》，
故宫博物院提供，摄影者：邹一伟

大水法正面十五

图 17　大水法正面，印版《西式园庭水法图册》，
故宫博物院提供，摄影者：邹一伟

图 18　线法山正面，印版《西式园庭水法图册》，故宫博物院提供，摄影者：邹一伟

图 19　宁寿宫倦勤斋内景，摄影者：段建强

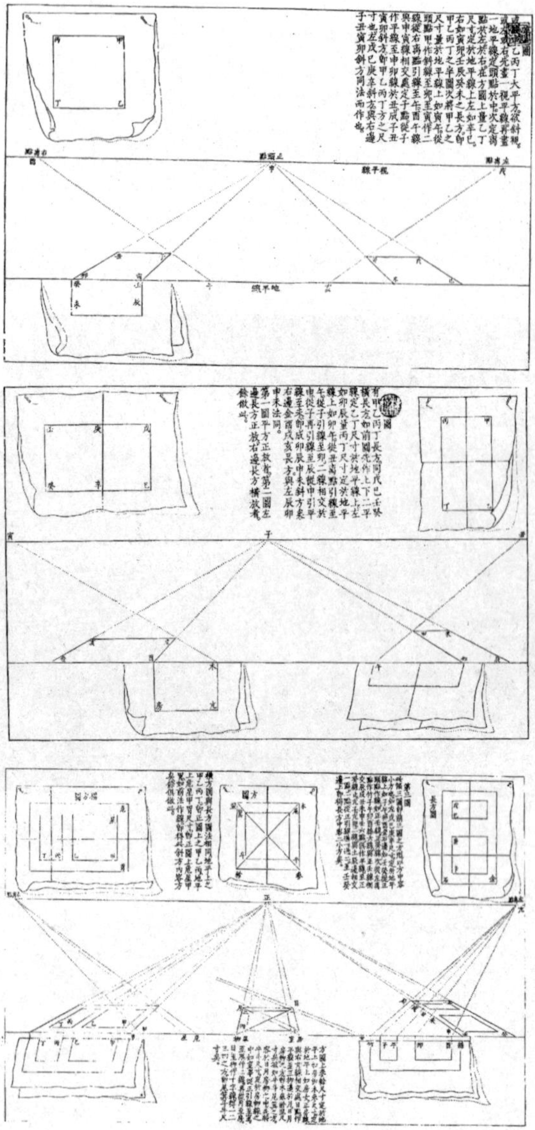

图 20 〔清〕年希尧、郎世宁编译，《视学》雍正十三年（1735 年）版

图 21　唐在复于巴黎摄影，时 1905 年

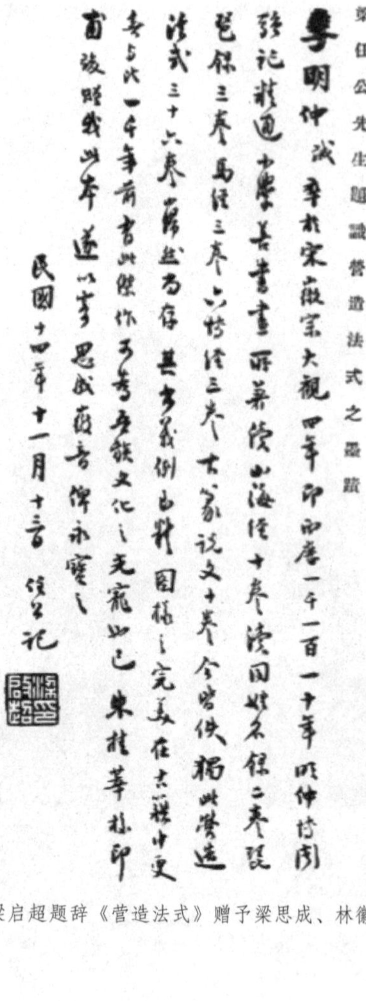
梁任公先生題識營造法式之墨蹟

李明仲誡 卒於宋徽宗大觀四年 即西曆一千一百一十年 明仲博聞
強記 精通小學 善書畫 所著續山海經十卷 續同姓名錄二卷 琵
琶錄三卷 馬經三卷 六博經三卷 古篆說文十卷 今皆佚 獨此營造
法式三十六卷巋然獨存 其書義例至精 圖樣之完美 在古籍中更
無與比 一千年前有此傑作 可為吾族文化之光寵也已 朱桂莘校印
甫竣 贈我此本 遂以寄思成 徽音 俾永寶之
民國十四年十一月十三日 任公記

图 22　梁启超题辞《营造法式》赠予梁思成、林徽因之墨迹

图 23　英国丘园中国塔

图 24　波茨坦中国茶亭

图 25　明轩，摄影者：段建强

图 26　陈从周与梁思成

图 27　陈从周在豫园东部

序

刘天华

段君建强近日寄来他的新作《从谐奇趣到明轩：十七至二十世纪中西文化交流拾遗》，展卷细读，获益良多。王致诚是十八世纪来华的西洋传教士，在清廷如意馆供职多年，是一位将西方古典造型艺术系统介绍到中国的重要历史人物。除了留下许多画作，他还参与了圆明园的设计和建造，用他深湛的艺术修养，成功地将西方古典造园艺术介绍给国人。同时，他又将中国古典园林特别的美介绍到西方，引起当时西方上层社会不小的轰动，堪称中国园林文化西渐的有力推手，足以名垂中西文化交流的史册。

王致诚在华的数十年间，通过书信与故国亲友一直保持联系。许多文字描绘了传教士在帝都北京的工作和生活场景，看来似乎平淡无奇，但从历史的角度看，却意义非凡，诚如建强书中所言："这些信件，不意间竟跨越时空，既是当时西方世界认识东方，也是今天我们了解盛清绘画和园林建造不可或缺的珍贵资料。"建强先是苦坐冷板凳，翻译了王致诚《帝都来信：北京皇家园林概览》，又进而深入研究发掘，为这位国人了解不多的画家、造园家立传，真是“功德无量、善莫大焉”。我特别欣赏的是建强发人所未发，将陈先生在纽约大都会博物馆建的“明轩”立为新时代东西方园林文化交流的里程碑，作为是书的终结篇。我想陈师在九泉之下得闻也定会欣喜莫名。

段君与我同出从周师门下，我长他一辈，每次见面，他都会叫我一声“师伯”，听来倍感亲切。在我参加的几个纪念陈从周先生的微信群中，建强都是积极分子，常常有不少前沿信息提供，并时有一语中的的高见和评论，令我颇感获益。

“晚年唯静好，万事不关心”。我性本散懒，年华又渐老去，故见费心费力之事，常推托之，还寻来这一联诗句为借口。读毕段君书稿，聊书数语，不知可为序否？

刘天华

于沪上家中

目录

引言：一个法国传教士的东方传奇

我被其深深吸引，因为我在世界其他地方都未曾见识过与之相类的。若通过我的这些描述，会令您对之有所体悟，我将备感荣幸。但我也自知那几乎是不可能的，因为这里的一切，与我们所熟知的建筑方式和建造原则皆全然不同。唯一能感受它的方式，就是身临其境。

——王致诚[①]

① 本书中王致诚的著论均引自《帝都来信：北京皇家园林概览》，段建强译，上海：同济大学出版社，2018。

1738年1月8日，让·德尼·阿蒂雷（Jean Denis Attiret，1702—1768）登上了前往东方的远航船。此前，这个二十六岁的青年传教士还在阿维尼翁耶稣会士们的初修院里作助理修士。来自遥远东方古老帝国北京教区的请求说，那里需要一位熟稔绘事的画家，能够服务于帝国的皇帝，以便为在古老帝国的传教事业提供重要的支持。

阿蒂雷没有想到的是，这次远航竟会是一次如此漫长的旅程：此后的三十年间，他一去不返再也没能回到欧洲故地，永远地留在了那个遥远神秘的东方国度——中华帝国。那时的中华帝国，正值满族统治下的清代，史称“康乾盛世”的时代。尽管他从传教士前辈们的书信中对这个神秘的东方国度已有相当的了解，但真正登上中华帝国的土地仍令这个年轻人兴奋不已。

1738年8月8日，在经历了整整七个月的海上航行之后，阿蒂雷抵达中国，更名为王致诚（或巴德尼）。很快，他便与其他一并前来的传教士们被安排进京，觐见皇帝——刚刚继位三年的年轻的乾隆皇帝。这次觐见开启了他在东方古老中华帝国的传奇之旅。

五年之后，当他写信给远在巴黎的朋友，回忆这段漫长的觐见之旅时，还如此记忆犹新：

我们前往北京，这或许是神的使命，也可能是中国皇帝恩准的。一名官员受命与我们接洽。他竭力使我们相信，他会承担我们的开支，可最终却只是说说而已，因为几乎所有的费用，都是我们自掏腰包。一半的行程是水路，吃住皆在船上……因为他们说此乃教养和礼仪，这于我们而言，实在是太古怪了。

但是，整个行程并非如他想象的那般顺遂，甚至充满了监视和胁迫，

我们不能下船登岸，甚至不得在沿途撩起舟侧舷的帘子，一探这神秘帝国的样貌……此后的一段旅程，我们更形容其如同囚笼，而他们则乐于将其称为坐轿子。白天我们在轿子里，终日被禁言。到了晚上，我们又被带到客栈（那是多么糟糕的客栈啊）。我们在整个行程中没有获得更多的信息，甚至对这个国家仍一无所知，还不如在房间里安静地睡大觉。就是这样，满怀着未被满足的好奇心，我们来到了京城。

接近两千英里的行程持续了多久，他并没有留下更多的话，他只知道，此行的目的地，是帝国的都城——北京。而在抵达帝都北京之前，他们由南至北，几乎穿

越了整个国家，旅途中他们受到的管理严苛得有些不近人情，帝国的风貌与传统，也与他们之前从传教士信札中获知的如此不同，甚至有些令人失望。他继续写道：

他们所言非虚，我们先前穿越的，乃是这一帝国破败不堪的地区，尽管行程接近两千英里，漫漫路途之中并没有太多值得去注意的事物，甚至没有任何纪念碑或宏伟的建筑物。所谓价值与美，除了存在于一些为神像而修建的寺庙和一层楼高的木构建筑外，似乎就存在于其中糟糕的绘画和稀松平常的粉饰中。其实，任何一个见识过法国或意大利建筑的人，对世界另一端的这些所见，都会有味同嚼蜡之感。

他甚至还不知道，这次几近枯燥、充满失望的长途跋涉，只是他传奇人生的开始。当他们一行人抵达北京时，这些沿途所见识的风土人情、建筑与绘画，都迅速被帝都所带来的震撼与赞叹所取代。之后，王致诚在他写给欧洲的书信中，一再向欧洲的朋友描述这个远方国度的神秘与富庶、建筑与宫苑的宏阔与精美，当然，还有他与皇帝之间的逸闻趣事。

王致诚自己也并不清楚，他在书信中对清代皇家园林的描述，意外地引发了欧洲对古老东方帝国的想象，甚至，影响了欧洲对中国的具体看法。作为一位想要在中华帝国开展传教事业的传教士，他的东方来信，竟在日后，成为东方与西方、中国与欧洲文化交流的见证，不能不说是那个时代的传奇。

来信：东方的想象

来自茶国的处女，
在你迷人的梦境里，
苍穹是一座城市，
而中国是它的郊区。

在我们暗淡的巴黎，
面额纯洁的少女，你在寻找，
你的金色蔚蓝的花园，
那里孔雀正在开屏，
你向我们的天空微笑！

一个快乐无邪的孩子，
在釉彩鲜艳的陶瓷上，
绘着天真的象征——蓝花。

——雨果[1]

① 转引自余敷华，张艺联著《中国面向世界：中法友谊的历史文化见证》[M]. 北京：生活·读书·新知三联书店，2007：47。

东方来信

1743年11月1日（清乾隆八年），正是中国北方的初冬，来到中国已五年余的王致诚已经渐渐适应了北京干冷的冬季。他和同伴们所居住的地方，主要集中在圆明园近旁的如意馆内。与圆明园中恢弘的宫苑建筑相比，这里虽然简陋，但相对还算舒适。

这天注定会成为不平凡的一天。已在清宫供职五年多的王致诚，要给远在法国的朋友——达索先生回一封信，以将自己在这里的见闻、感受告诉远方这位对古老的东方帝国充满想象的朋友。在一年多前，他收到了达索先生寄自欧洲的来信，分别写于1742年10月13日和11月2日，问询他在这里的情况。随信寄达的，还有一些手工制作的仿真花卉。

相比于那些传教开拓者，此时东方帝国和欧洲大陆之间的通信往来已经较为便利了。那个时代早期的来华耶稣会士，几乎都是以通信的方式，与遥远的故土保持着细若游丝却引人入胜的联系。这些来信构成了欧洲了解世界的窗口，甚至是重要的来源。

这些来自欧洲各国的传教士，有很多在离开故土后就再也没有回归自己的国家，而是长期居留、生活于其到达的异邦，终老于斯。他们中，有明朝末年即来到中国的意大利人罗明坚（1543—1579—1588—1607）[①]、利玛窦（1552—1583—1610）、郭居静（1560—1594—1640）、艾儒略（1582—1613—1649）、毕方济（1582—1613—1649）、潘国光（1607—1637—1671）等，也有来自西班牙、葡萄牙等国的苏如望（1566—1595—1607）、罗如望（1566—1598—1623）、庞迪我（1571—1599—1610）、费奇规（1571—1603—1649）、阳玛诺（1574—1611—1659）等，还有来自法国的金尼阁（1577—1620—1628）和德国的汤若望（1591—1622—1666）。这些来自不同国家和教区的传教士们，通过信札的方式，在向欧洲传递音信、请求教会指示、申请物资的同时，也将他们在这个古老东方帝国的游历、见闻和认识传递给欧洲。

在十五至十八世纪的漫长岁月中，这些信札扮演了重要的文化信息传递的角色。这些书信不单纯是一种个人信息的传达，在某种意义上，来自遥远东方的（当然，还有来自世界各地的）传教士信札，变成十五世纪以来，欧洲了解东方的重要途径。这些由耶稣会传教士们发自异国的来信，首先在欧洲的教会机构内得以传

① 数字依次为出生、来华、离华、逝世的年份，三个数字则表示未离华。

播，然后又在上层社会的王公贵族、知识分子和新兴资产阶级中间散播开来。

几乎与这些书信同步，法国开始陆续整理并出版这些来自世界各地的耶稣会士书信。其中最著名的出版家，就是法国的佩雷·杜赫德。在他1711年接手出版耶稣会士书信之前，《耶稣会士书信集》已经出版了八卷。到了1743年其父亲去世时，已出版至十八卷。

王致诚在来华之前，就是通过这些卷帙浩繁的书信集来了解中国的。这些来信不仅给了他关于这个国度真实的信息和无限的想象，还启迪他在日后的传教生涯里，也以书信的方式，将自己的见闻告诉给欧洲的朋友。他或许没有想到，他自己于1743年11月1日所写的信札，会被收录到《耶稣会士书信集》中，更令他想不到的是，他这封谈论中国皇帝与宫苑园林的书信《帝都来信：北京皇家园林概览》（*A Paticular Account of the Emperor of China's Gardens near Pekin*，后文简称《帝都来信》，图1），竟然在欧洲引起了巨大轰动。

开拓者们

我们关于中国的最初知识，来自著名的威尼斯人马可·波罗。他谈到了这个国家的悠久历史，优秀的法律和政府，肥沃的土地，富足的生活，繁荣的商贸，众多的居民，等等。他描绘了中国人的礼节，他们对艺术和科学的喜爱以及发展艺术和科学的热情。所有这些记述都被视为虚妄的奇谈。人们认为，这种无稽之谈与其说是事实的真实记述，不如说是善意的想象的结果。人们觉得，去相信数千里外有一个强大的国家，且它胜过治理得最好的欧洲国家，那简直就是荒谬。什么！在许许多多的野蛮国家那边，在世界的尽头，会有如那位威尼斯人所说的那样一个古老、聪慧和文明的民族？纯粹是痴人说梦！除了头脑简单的人和傻瓜，谁也不会相信。①

十八世纪的欧洲，对中国的认识基本来自马可·波罗，上文就是当时典型的论述。人们通过文学的想象，架构了他们认为的“东方”，而这东方又是如此模糊而充满神秘。这些浪漫情调夹裹着异域想象，使人们对“中国”的印象仍停留在马可·波罗时代。

而细考西方与中国的相遇，基本上是以基督教传入中国为主要途径和标志的。基督教入华经历了三次高潮，第一次高潮是唐代聂斯脱利派（Nestorianisme）传

① 鲁斯洛德絮吉. 奇趣轶闻杂录.（*Rouselot de Surgy: Mélanges intéres sants et curieux*）第4卷. 巴黎，1766：1766。

入中国，并被称为“景教”，以 1623 年（明天启三年）或 1625 年（明天启五年）出土于西安府盩厔县的《大秦景教流行中国碑》为确证。第二次高潮，约发生于十三至十四世纪的元代前后。因为蒙古汪古部阔里吉思王子家族信仰景教，最后导致整个蒙古汪古部接受景教，从而使景教得以在鄂尔多斯地区延续较长的时间，此时传入中国的基督宗教，主要是以天主教方济各会为代表。其中较为著名的使者有柏朗嘉宾（Jean de Plan Carpin，1182—1252）。柏氏 1245 年 4 月至 1247 年 11 月间出访当时的蒙古汗国，以图与蒙古人结盟共御伊斯兰教的扩张，并在归国后写成《蒙古史》，成为西方第一部全面且系统的有关蒙古人和东方的资料。另外还有如鲁不鲁乞（Guillaume de Rubrouck，1215—1257）的《鲁不鲁乞东游记》。他的游记和马可·波罗的游记，启发了英国人曼德维尔创作《曼德维尔游记》，唤起了西方人对东方的向往。

如王致诚这样的传教士，离开欧洲抵达遥远的东方古国，并且能够将信函寄往世界各地，当然要归功于航海时代的那些开拓者。1498 年（明弘治十一年）葡萄牙人瓦斯科·达·伽马率船队绕过非洲好望角，首次抵达印度。随后不久，西班牙人哥伦布，为寻找通往东方的海上航线，发现了美洲大陆。1522 年（明嘉靖元年）

西班牙人麦哲伦在经历了种种难以想象的艰辛之后，完成了人类的第一次环球航行。

世界地理的新发现，使欧洲各国了解航海时代沿途各国的热情空前高涨。各国君主纷纷资助这些航海家去探索未知的土地，以达到贸易互市、建立外交乃至殖民的种种目的。在一定程度上，这些航行改变了东西方互相认知的途径与方式，也开启了东西方物资、人员、文化、思想交流互通的新航道，跨入人类历史上重要的探索活动和文化交流时代。

在船队的成员中，有一群特殊的人，他们就是欧洲各个宗教组织所属的传教士。十七世纪后期，耶稣会传教士是西方了解中国的最专业的人士。这些受教会派遣，身负前往异域传教重任的传教士，大都在欧洲教会学校中受到过良好教育，或者已经是教会的神职人员。他们中的有些人，本身就是精通某个学科或领域的专家，又有为宗教事业献身的热忱和信念，因此，在航海时代来临的时候，他们或自请、或受命而背井离乡，远赴遥远的异国，并长期在那里生活，从事他们“神圣”的事业。

利玛窦（Matteo Ricci，1552—1610）是其中一位最重要的开拓者。1581 年（明万历九年），罗明坚神父向东方总巡察使范礼安举荐了利玛窦。1582 年（万历十年）利玛窦应召前往中国传教，8 月 7 日到达澳门，从此开始了他在华长达二十七年的传教生涯，对西方文化东传中国起到了重要的作用。利玛窦可说是天主教在中国传教的开创者之一，他成功在北京觐见皇帝，并且，在与如徐光启等士大夫的交往中（图 2），同他们建立了良好的合作关系，开启了其他传教士进入中国的大门，也开创了日后两百多年传教士在中国的活动方式：一方面深入学习传教地的文化，用汉语传播基督宗教，如利玛窦本人就穿着中国士大夫服饰；另一方面用自己掌握的西方自然科学知识来吸引中国人的关注。带着西学而来的利玛窦，引领起晚明以来士大夫学习西学的风气。据不完全统计，由明万历至清顺治年间，一共有一百五十余种的西方书籍被翻译成中文。

利玛窦带到中国的，不仅是基督教，还有当时西方认知世界的方式。随着航海时代而不断完善的世界地图，就是他与士大夫交往时非常重要的礼物。利玛窦在中国制作的世界地图《坤舆万国全图》是中国历史上第一个世界地图，在中国先后被十二次刻印。该地图甚至对日本的地理概念都产生了深远影响，地图问世后不久，即于江户前期被介绍到日本，使日本人传统的崇拜中华的“慕夏”观念因此发生根本性变化。

王致诚当然了解利玛窦及其后来者的贡献，更理解利玛窦以来，传教士前辈们在中国的工作。他做好了准备，要把他在中国的经历、见闻传递到欧洲。与利玛窦历尽艰辛才得以觐见皇帝不同，他从一开始就是被举荐至皇帝身边的，而他的身份也比较特殊——作为乾隆皇帝的宫廷画师。

异域风情

当王致诚的书信到达巴黎时，巴黎正通过各种娱乐设施、文学艺术，架构并沉浸在对遥远中华帝国的想象之中。不但关于这个国度的各种消息能够快速散播开来，而且，各种猎奇的事物也层出不穷：街头流动的中式演出“盒子”，各种打着“异域咖啡馆”噱头实际上则是想象出来的“中国装饰”风格的咖啡馆，“新中式”的中式浴场……当然，还有引入了支撑技巧和旋转表演台或者秋千杂技的“中国游乐场”。

那个时代的巴黎，不仅各个角落充斥着中国元素的城市公共设施，也被各种各样有着中国元素的建筑与设计所包围。1670 年，路易十四在凡尔赛宫建的特里亚农宫采用的青花瓷砖成为众多建筑装饰竞相模仿的范本。不仅仅是瓷砖的运用，室内外的装饰也是如此，大到园林景观、建筑单体，小到室内壁毯、餐桌餐具，都富有浓郁的异国风情。

王致诚深知这些。通过巴黎的来信，他甚至应该明白，巴黎热切地想从他这里了解什么。然而，比起他亲历的皇家园林圆明园，朋友从巴黎寄来的关于中国热潮的描述，几乎未能对他产生什么太大的吸引力。他在信中写道：

然而我必须指出的是，帝都北京的皇宫御苑则不然，无论是其设计还是竣工后的效果，其中的每一样事物皆宏大壮美。我被深深吸引，因为我在世界其他地方都未曾见识过与之相类似的。

如若通过我的这些描述，会令您对帝都的皇宫御苑有所体悟，我将备感荣幸。

王致诚在信中描述了他在北京最初的游历，新奇的体验深深地吸引了这位新晋的宫廷画师。这些壮美宏阔的宫殿、苑囿，令他着迷不已。一扫早期由南至北穿越中国时的困惑，在北京所见识到的一切，似乎都充满了吸引力。他已经在这个帝国权力的最中心，窥见了东方盛世的样貌。他接着写道：

但我也自知那几乎是不可能的，因为这里的一切，与我们所熟知的建筑风格和建造法式全然不同。唯一能感受它的方式，就是身临其境：若能不计时间，我决意倾力将其逐一描绘下来，并将画稿寄往欧洲。

实际上，将一些图画寄回欧洲，并不是王致诚的首创。十七世纪后期，欧洲就出现了一些带插图的中国游记，并被认为是描写中国的权威著作。有学者研究认为，最早的插图可能来自彼得·蒙迪的回忆录，其中描绘了一个衙门官员审断案件的场景。①

1658年出版于荷兰的《中国出使记》由约翰·纽霍夫（Johan Nieuhof，1618—1672）所著。纽霍夫亲自到过中国，因此著作能采用图文并茂的叙述方式。该书在欧洲流传甚广，并被译成多国文字，法译本和英译本分别出现于1665年和1669年。纽霍夫在其书中的插图，描绘了他所亲历的广州城、南京城、北京紫禁城等重要的城市，还记录了大量与西方风格迥异的建筑与文化景观，比如中国亭子、花园中巨大的假山、龙舟赛，等等。

在纽霍夫笔下，远东的中华帝国形象生动，这使得

① 袁宣萍. 十七至十八世纪欧洲的中国风设计［M］. 北京：文物出版社，2006：77-78。

欧洲对中国的想象趋于具象化，其中最著名的一幅关于建筑的画作是南京大报恩寺塔（图 3，图 4）。纽霍夫对这座位于南京的琉璃塔的描绘，成为当时欧洲对中国想象的范本。在十七世纪晚期至十八世纪早期各地区出现的中国式宝塔，几乎均以此为范本。

1670 年，路易十四在凡尔赛宫建起特里亚农宫。这个充满了异域风情装饰的单层建筑，虽然在造型上与中国建筑没什么关系，但是它充满整体的装饰瓷砖——外墙与室内贴满来自荷兰代尔夫特与法国纳韦尔、鲁昂的陶砖——均以元代青花瓷的蓝白两色为主色调，令人非常容易地联想到远方古老的中华帝国。正如米歇尔·德韦兹在《十八世纪中国文明对法国、英国和俄国的影响》中指出的：

整个欧洲曾把目光定在旧制度下的凡尔赛宫。但是，那时的王公贵族却在他们的城堡里建造和装饰中国陈列室，如曼特农、尚蒂伊、法国王子殿下宫，马恩河畔的田园堡（德国）、阿兰胡埃斯（西班牙）等处都建有此类中国室。王公贵族们还在他们的花园，如法国的尚特鲁普、德国的无忧宫，以及英国和瑞典等国的一些花园中建造中国宝塔。

从马可·波罗到钱伯斯

最早让欧洲认识中国园林的人，并不是王致诚，而是更早的传教士们。如果再往前追溯这种西方世界的“东方”想象，那无疑要从马可·波罗（Marco Polo，1254—1324）的游记开始。利玛窦（1552—1610）、曾德昭（Álvaro Semedo，1585—1658）、约翰·纽霍夫（Johan Nieuhof，1618—1672）、张诚（Jean-Franois Gerbillon，1654—1707）、李明（Louis Le Comte，1655—1728）、马国贤（Matteo Ripa，1682—1745）等人关于中国的著述、游记与书信，都为欧洲对“中国”的想象起到推波助澜的作用。1698年，耶稣会传教士巴多明（Dominique Parrenin）来华，他介绍中国文化的书信，还影响到法国启蒙运动学者伏尔泰。

到了王致诚来华的年代，耶稣会士在清代宫廷中已获得较为稳固的地位，虽然彼时的中国正处于对基督教传教的教禁时期，但这并未影响这些传教士进入宫廷并以其一技之长供职于皇帝，甚至与皇帝的关系一度颇为亲密。比如马国贤（Matteo Ripa，1682—1746），就曾随侍康熙皇帝身边，皇帝巡游亦携之一同前往，这在马国贤在华回忆录中有详细的记述。

马国贤，意大利那不勒斯人，是受罗马教廷直接派遣的“遣使会士”。1710 年 11 月，从广州进入中国内地的“遣使会士”共有三人，分别是山遥瞻、德理格和马国贤。受当时罗马教廷负责与北京接洽传教事宜的铎罗之请，罗马教廷派出懂数学的山遥瞻、懂音乐的德理格和懂绘画的马国贤。在清朝的上谕中，称他们为“技巧三人”。马国贤擅长绘画，有很长一段时间陪侍于康熙皇帝左右，他还是将铜版画技艺带到中国的传教士。1724 年 1 月，他离开广州返回欧洲，后在那不勒斯创办“中国学院”。

郎世宁（Giuseppe Castiglione，1688—1766），一人历清代三朝，是与康熙、雍正、乾隆三位皇帝都有密切交往的西洋传教士画家。他不仅以自己精湛的绘画技艺在清廷内获得了高度的认可，还作为重要代表，成为了沟通中西方文明和艺术的重要历史见证人。王致诚作为后来者，与郎世宁共同工作的时间亦长达近二十八年之久。

蒋友仁（Michael Benoist，1715—1774）是另一位重要的艺术家，他作为建筑师，直接参与了圆明园中西洋楼景区的修造。并与郎世宁、王致诚、艾启蒙、潘廷章等人一起，共同完成了圆明园内众多建筑的设计、建造，为圆明园这一“万园之园”增添了别样的趣味。

然后是钱伯斯的到来。随着各国东印度公司的贸易扩展，威廉·钱伯斯（Sir William Chambers，1723—1796）来到中国。1740—1749 年，钱伯斯在瑞典东印度公司工作期间，曾多次前往中国旅行，研究中国建筑和中国园林艺术。1749 年他到法国巴黎学习建筑学，随后又到意大利进修建筑学五年。

1755 年，钱伯斯返回英国创立了一家建筑师事务所，后又被任命为威尔斯亲王的建筑顾问，为威尔斯王妃奥古思塔在伦敦西南的丘园建造中国式塔、桥等建筑物。1757 年，钱伯斯出版的《中国建筑、家具、服装和器物的设计》（图 5）是欧洲第一部介绍中国园林的专著，对推动中国园林在英国以至欧洲的流行起到重要的作用。

在这众多中西方文化交流的实践者中，或许王致诚并不是最为出众的一个，但是，他所描述的中国皇家园林圆明园，以及经由他的画笔传递到欧洲的中国形象，则是他对当时中国最真切的文化体验。这文化体验使王致诚区别于其他的文化交流者，而在这历史的洪流中留下自己的痕迹。他书信的译介与流布，远远超出他个人的想象，在遥远的欧洲大陆上，结出了丰硕之果。这果实，就是被称之为“英中式园林（Jardin Anglo-

Chinois）”的园林风格，并且随着这种风格的发展，从英国扩及法国和德国，一时间在欧洲广受推崇和效仿实践。

英中式园林

十八世纪下半叶，在欧洲掀起了一场模仿中国园林的造园热潮，它对欧洲人造园观念的转变及后世西方园林的发展产生了相当的影响。究其源头，这种仿造中国园林的实践有个专门的语词——英中式园林。它来自法语的特殊词汇“Jardin Anglo-Chinois”，专指源自英国的“中国式园林”。这个词的出现与十七、十八世纪流行于英国的“中国式园林”有关。

钱锺书赞誉威廉·坦普尔爵士（Sir William Temple，1628—1699）是“第一个论述中国园林的英国人”，“到了威廉·坦普尔爵士，英国人的中国热达到了顶峰”。1685年，威廉·坦普尔爵士在其《论伊壁鸠鲁的花园》（*Upon the Garden of Epicurus*，1692年出版）中，盛赞中国园林如同是自然的一部分，表现出丰富的创造力。他认为中国人从模仿自然中发现了“无序美”，并为之特意创造了一个词“sharawadgi”。钱锺书认为

“sharawadgi”的含义是那种“故意凌乱而显得趣味盎然、活泼可爱的空间”。

童寯则论述称，钱伯斯“是第一位认真研究中国园林的欧洲人”。他指出钱伯斯在其大著《东方园论》（*Dissertation on Oriental Gardening*）中，论述西方此段时期园林特征时指出：“sharawadgi”是“斜入歪及”①，是“在其园林中，曲线和有意识的不规则”“空间布局将视界限于某个如画院落，一个大型园林可有许多此类院落”。而这些特征正与当时欧洲流行的古典主义的正统建筑、园林设计秩序及方法相对，成为重要的趋势，从而影响了英国、法国乃至欧洲的园林设计。

无论如何，坦普尔和钱伯斯都指出了来自中国的、显然区别于欧洲大陆的园林设计原则和设计方法，而连接坦普尔和钱伯斯，推动这一流行趋势且被英国社会广泛接受的，则是来自法国耶稣会传教士王致诚于1743年11月寄自北京的《帝都来信》。这封信寄达巴黎之

① 关于“sharawadgi”，不同译本有不同的译法，如音译为“斜入歪及”以及意译为“曲折有致”者，但都是指向一种“不规则的、无秩序的美”。另据童明最新的《东南园墅》译本，引述1989年版《牛津英语辞典》的相关解释称，“汉弗莱斯（A. R. Humphreys）认为‘sharawadgi’在英国存在三种理解：不遵从数学原理，信奉不规则；在无穷变化之中寻找美；按照材料本身潜在的有机模式来对待自然材料。”（童寯. 东南园墅. 童明，译. 长沙：湖南美术出版社，2018：93.）

时，钱伯斯恰好正在中国游历。

六年后的1749年，钱伯斯在完成漫长的旅行后到法国和意大利完成其建筑学的专业教育。求学之后，于1755年返回英国开展具体的设计工作，从而真正使“英中式园林”在欧洲大地上出现并成为一种设计风格。而此时，王致诚正在参与中国皇家御苑圆明园的修造，并且成为那个时代，最理解中国园林的欧洲人。可是他本人却并不知道，他的《帝都来信》，正在欧洲大陆产生广泛的反响，在不久也会结出文化交流的丰硕果实。

绘事：中西的汇融

西洋人善勾股法，故其绘画于阴阳远近，不差锱黍。所画人物屋树，皆有日影，其所用颜色，与中华绝异。布影由阔而狭，以三角量之。画宫室于墙壁，令人几欲走进。学者能参用一二，亦著体法。但笔法全无，虽工亦匠，故不入画品。[①]

① 见佚名《读画辑略》，转引自王洪源《满族宫廷画家唐岱》，《满族研究》1994年第3期第70页。

一件贡礼

在青年阿蒂雷不多的远航行李中，有一件非常珍贵和重要的东西。这是一幅名为《三王来朝耶稣图》的油画作品，即将作为他所代表的修道会进献给新晋即位的帝国皇帝——清高宗的贡礼。他就是以这个重要的见面礼，来叩启他的使命之门。

十六世纪以来，来华传教士为传教便利，会携带品类众多的礼物以吸引信众，结交文人，亲善权贵，直至觐见皇帝。几乎所有来华传教士都有一个目标，那就是向这个古老帝国的皇帝传教，以令其改变宗教信仰而达到顺利传教的目的。虽然传教并不顺利，但是这些礼物却流传下来，成为那个时代东西方文化交流的见证。

阿蒂雷来华之前，有关清帝对意大利传教士郎世宁赏识和器重的消息，不断通过传教士们的信札在欧洲大陆传播。相对于郎世宁葡萄牙语（也包括意大利语和拉丁语）的传教士团①而言，法语传教团在中国的发展并不那么顺利。郎世宁在中国宫廷的际遇，也引起了欧洲

① 郎世宁实由葡萄牙语教会派出往中国，虽为意大利人，但属葡萄牙语传教士。

法国传教团的极大关注。

为了与郎世宁的影响相抗衡，不甘落后的法国传教团从中国发来请求，要求从法国国内选派有才华的画家来华传教，以便通过绘画的方式获取皇帝的欢心，进而为法国传教士的在华传教活动提供方便，从而扩大法国在东方的势力与影响。阿蒂雷正是因此被选中来华传教的。就像先他来华的传教士那样，阿蒂雷也为自己取了一个中国名字。开始，他仿照巴多明，取名巴德尼，但很快便改名为王致诚。

鉴于之前已有如郎世宁的经历，这件贡礼——油画《三王来朝耶稣图》是王致诚精心准备的。“三王来朝耶稣”的故事出自圣经《马太福音》，又称“三博士朝拜”。这个故事讲述了三位来自东方的“博士”往伯利恒朝拜新出生的耶稣的故事。《马太福音·博士朝拜》载：

希律王在位的时候，耶稣诞生在犹太的伯利恒，有几个博士从东方来到耶路撒冷，说：“那生下来作犹太人之王的在哪里？我们在东方看见他的宿星，特来拜他。”希律王听见了，就心里不安；耶路撒冷合城的人也都不安。他就召齐了祭司长和民间的文士，问他们说：“基督当生在何处？”他们回答说：“在犹太的伯利恒。因为有先知记载说：‘犹大地的伯利恒啊，你在犹大诸城中并不是最小的，因为将来有一位君王要从你那里出来，牧养我以色列民。’”

当下希律暗暗地召了博士来，细问那星是什么时候出现的，就差他们往伯利恒去，说：“你们去仔细寻访那小孩子，寻到了，就来报信，我也好去拜他。”他们听见王的话就去了。在东方所看见的那颗星，忽然在他们前头指引，直行到小孩出生的地方，就在上头停住了。他们看见那宿星停下，就非常高兴地进了房子，看见小孩子和他母亲马利亚，就俯伏拜那小孩子，揭开宝盒，拿黄金、乳香、没药为礼物献给他。

博士因为在梦中被主指示不要回去见希律，就从别的路回本地去了。

这个故事被文艺复兴以来的众多画家绘制过，著名的如哥伦布教堂的三联画（罗吉尔·凡·德尔·维登，约1455），以及达芬奇的画作（1481，佛罗伦萨，乌菲齐美术馆）。

王致诚是画家的儿子，钱德明神甫谓其“出生于画板于画笔之间”。他自幼即从其父作画，并自谓“最愉快之事，乃在涂污纸张，以待将来耗费颜色。”少年时，就表露出画术的良好素质。因绘画技艺，他经布鲁瓦西亚（Marquis de Broissia）侯爵的鼓励与辅助，而往罗马求艺。

学成归国后，王致诚在途经里昂等地时从事绘画，并因有作品传世而存其画名。直到1735年，处于事业上升期的他，忽然决定加入耶稣会成为一名修士，只是到了教堂翻修时才会重拾画笔。“三王来朝”这个题材作为自文艺复兴以来的经典题材，他并不陌生，甚至有可能之前就画过这个故事。

王致诚这次应招来华的目的，即在于向这个古老国度的人们传教，尤其是准备向皇帝传教。选择《圣经》中“三王来朝耶稣”的故事，本身就是要向皇帝说明：耶稣基督获得了来自东方的朝拜，以此来开辟古老帝国的传教之路。可见，选择这个题材作为贡礼是颇费心思的：王致诚将自己自比为耶稣的信使，而将即将觐见的皇帝，比作东方的王，既切合两方的身份，又表达了传教的意愿，还表明了自己的画家身份，向皇帝展示了自己的绘画才能，经由一件贡礼——《三王来朝耶稣图》，真可谓一举多得。

新晋即位的乾隆皇帝，颇喜欢这个远道而来的西洋人所献的贡礼，命人将它挂在大内最尊贵的宫殿之内。皇帝的赞赏和认可给了王致诚信心，他也得到了自己的职位——直接入宫供职，作为乾隆皇帝的御用画师为乾隆皇帝服务。

画家的困惑

王致诚最主要的日常工作就是画画：油画、铜版画以及为此而起的稿子。作为画家的儿子，王致诚自小所经历的，就是看着父亲进行创作。他在阿维尼翁所接受的教育，完全是以艺术家的方式进行培养的。他始终把自己视为艺术家，而非“画匠”。精通绘事，也是王致诚获选派往中国的一个重要原因。

在抵达中国之前，他虽然已经初步了解此行所要进行的工作，可是在这里，作为画师的他，工作进展却并不顺利。他不得不面对一个个规定题材的任务——每一幅画作的创作，都是由太监通过“传圣谕”的方式下达的——无论做什么，都必须遵循既定题材和技法进行绘制，所有的画作都要符合甚至讨好皇帝的品位。有时，皇上也会过来巡视，对他们的作品加以品评。

刚刚进入清代宫廷，王致诚即被安排绘制油画。乾隆四年七月二十七日，王致诚奉命为“万方安和”绘制挂屏上的油画。同年，又有“着西洋人王致诚、画画人张维邦等在启祥宫行走，各自画油画几张”的记载，这些是最早的关于王致诚供职清廷的文献记录。可见，他抵达北京觐见皇帝后，就被留职清宫，开始他作为清宫画师的生涯。

起初，王致诚主要以画油画为主。但是不久，王致诚就面临了他抵华之后的困惑。最大困扰在于绘画技法之不同。王致诚在欧洲时是作为艺术家培养的，所习技艺为油画等。然而，来华之后所见竟几无油画，更多的则是水墨画。传统中国的绘画介质，主要是以水墨在宣纸或绢上进行创作。

初期的艰难，反映在画法的冲突上。《燕京开教略》曾记载了王致诚早期在清廷内油画活动的“困境”：

> 德尼画法虽精，奈皇上以中国时尚，惟好水画，德尼不能尽其所长。皇上谕工部曰：水画意趣深长，处处皆宜，德尼油画虽精，惜油画未惬朕意，若使学习水画，定能拔萃超群。即着学习其法。至于写真传影，则可用油画，令知朕意。①

水画法指的就是水墨画法。“未惬朕意”则是皇帝对王致诚油画技法表现特定主题时的感受。这主要是由

① 引自樊国梁《燕京开教略》，北京救世堂 1905 年刊本（中篇）第 74 页，中研院史语所傅斯年图书馆藏本。

于东西方在人物肖像画审美观念上的差异造成的。在中国传统观念中，肖像画主要用于生日祝寿或家族祭祀活动，因此，要求肖像画表现的是对生者的一种记录，或是对逝者的一种纪念，需要有清晰完整的面貌，人物神情也趋于端庄、凝重。

而西方油画技法则与此不同，着重表现人物造型的准确以及人物面部及人体的解剖结构，还很注重表达特定光影之下的人物形象，有时甚至对表情及内心活动加以刻画，人物面部往往有凹凸分明的阴影以表现真实的立体感。油画这种为表现光影真实而将人脸画上阴影的技法显然不被接受，尤其是要表现皇帝的时候，更需要慎之又慎。

一日，皇上降旨称："水画优雅悦目，新至绘工绘画法必同他人。至若肖像不妨用油绘之。"来自皇帝的点评，显然指出了中西方绘画方式在表达上的认识差异，也造成王致诚早期进入宫廷做画师的困扰。这种困扰其实一直对清代宫廷中的西洋画师们是一个挑战。王致诚在其 1743 年的一封信札中写道："除为皇帝与人画肖像外，概未用西法作画"（图 6，图 7）。

对王致诚而言，逼真地再现人、事、物，是以油画技法为代表的西洋绘画的重要目标与成就，传教士们之所学，也皆是如此。然而在中国，由于皇帝要求他致力于历史画和肖像画的绘制，其他的绘画题材和他熟悉的油画技法则悉数弃置一旁。

但是更令他困扰的是，皇帝甚至还会亲自改动他们的画作。在给友人的信中，王致诚写到："吾人所有绘画皆须秉承帝命。吾人先具画案，由帝任意变改之。无论所改之好坏，皆应遵从，不敢有所言。"王致诚也向同是宫廷画室的前辈郎世宁抱怨道："彼为历史画家与肖像画家，且为西洋画家，是磨练已成之画家，非初习绘画之人也"。

更早进入中国并侍奉康熙皇帝的罗马教廷传教士马国贤曾回忆道："可是他没有理解光和影的和谐，因此图画从他的版子上揭下来的时候，外观效果非常糟糕。"① 虽然马国贤说的是版画技艺，但相比而言，油画和水画法的差异则更为明显。

来自他们中国同行的评价也是造成这种差异的原因。与郎世宁在宫廷活动中有重叠的邹一桂（1688—1772）就曾对西洋绘画如此评价：

西洋人善勾股法，故其绘画于阴阳远近，不差锱黍。所画人物屋树，皆有日影，其所用颜色，与中华绝

① 本书中马国贤的著论均引自《清廷十三年：马国贤在华回忆录》，李天纲译，上海：上海古籍出版社，2013。

异。布影由阔而狭，以三角量之。画宫室于墙壁，令人几欲走进。学者能参用一二，亦著体法。但笔法全无，虽工亦匠，故不入画品。①

“不入画品”的断语，反映出乾隆皇帝在看待传教士郎世宁、王致诚等人画作时的评定。这种以文化态度决定的美学观念，对传教士而言，极大地限制了创作的自由，甚至，他们被委派下来的很多活计，最后都以多种形式与不同中国画家合作完成，一般是由郎世宁等传教士画人物或动物，而山石、树木、花卉等景物则由周昆、金廷标、方琮等中国画师补画完成。

王致诚早期在欧洲学习绘画的时期正逢文艺复兴之后的重大转变，对应的正是巴洛克、洛可可时代。由于文艺复兴时代人文主义的兴起，画家在创作中更加注重对人的真实表达，画面表现开始反映强烈的个人意趣，多以明暗对比来表现人物立体感，以透视画法来加深空间纵深感，以真实人物形象来表现宗教神话、人物和故事。因此，王致诚以掌握的油画技法来进行肖像画时，往往以侧面受光，来表现人物的逼真形象和表情姿态。这种技法对当时清廷内的君、臣产生了较大的触动。

① 见佚名《读画辑略》，转引自王洪源《满族宫廷画家唐岱》，《满族研究》1994 年第 3 期第 70 页。

王致诚在给友人的信中描述了其绘制“油画脸像”的过程：

此辈未留习于此种画像方法，见其布上绘其相貌服装，不胜惊异。初描数笔，见微粗类，乃相视而笑，及见全身绘成，则视之忘形。此辈不解其理，注视画板、画笔不已，画师之一切动作皆在注视之中。旁视之满、汉大臣悉皆欢笑，所笑者非摹本，乃本人，盖此辈面目态度皆失常态也。①

王致诚的前辈马国贤、郎世宁，为了适应中国人的欣赏习惯，在绘画风格的转换方面可谓煞费苦心，尤其是郎世宁，最终赢得了康雍乾三朝帝王的推崇。马国贤亦曾在其《清廷十三年：在华回忆录》中详细记述了他那时的宫廷经历：

我知道自己的技艺只是在设计艺术上，就从来不敢去画自己发明的题材，而是把我的雄心都限制在临摹工作上。但是因为临摹一点都不为中国人看重，我发现自己不只是有一点点麻烦了。无论如何我必须观察所有别的画家

① 见《传教信札》。转引自作喆《清廷西洋画师王致诚》，《紫禁城》1989 年第 3 期。

（大约七八个人）的作品，然后鼓起勇气来仅仅画了一些风景和中国马匹。皇上对人物画没什么兴趣……对于任何一个只有中等人物画知识的人来说，是没有办法画好风景画的，我只能把自己的努力交给天主的指引了，开始做一些我从来没有做过的工作。很高兴我取得了如此的成功，以致于皇上非常满意。因此，我就不间断地画到 4 月份，皇上下令说可以把我的作品拿去刻版了。

获得皇帝认可的过程是漫长的，有时甚至需要进行枯燥而简单的重复劳动——临摹其他画家的作品，以便认真体会和揣摩出皇帝的喜好和意图。题材也是被严格限制的，风景和马匹经常被指定为这些画家们写生的对象，除此之外，人物画的画法也被严格限定，油画技法所表现出的阴影透视似乎并不能取悦皇帝。

这一问题，几乎每一位在清廷供职的传教士画家都会面对，而关于画法和技艺的困惑，也是他们所共同经历的。郎世宁和王致诚，无疑是这些西洋画师中的佼佼者，但他们二人在宫廷内的角色和命运却非常不同。

郎世宁

王致诚来华前，供职清廷的耶稣会画师就是郎世宁。在耶稣会传教的不同教会之间存在着地区的差异和分歧。郎世宁来自意大利，且与葡萄牙教区关系密切，在清朝宫廷内因为画艺而获得皇帝信任的消息，使其在耶稣会拥有较高的声望。在康熙皇帝晚年，由于“礼仪之争”而采取的教禁政策使其他传教团体在传教方面日益困难，来自法国的耶稣会传教士们，亟需一位来自法国的艺术家通过绘画艺术的方式去接近帝国权力的中心——皇帝。

郎世宁是第一位获得清代宫廷认可的西洋画师。郎世宁1715年到达中国之时，正值康熙五十四年。此时的康熙皇帝对有关西方的文化、科学与艺术充满好奇，郎世宁因此以艺术家的身份被召入内廷成为清廷供职的画师。其供职时间跨越康雍乾三代王朝，历时之久，无人能出其右。

郎世宁被认为是近现代东西方美术交流史、文化交流史上的重要人物。康有为在其《万木草堂藏画目序》中称其为“合中西而成大家”，指出：

郎世宁乃出西法，他日当有合中西而成大家者，日本已力讲之，当以郎世宁为太祖矣……国人岂无英绝之士应运而兴，合中西而为画学新纪元者，其在今乎？吾斯望之。①

郎世宁，字若瑟，原名朱塞佩·伽斯底里奥内(Giuseppe Castiglione)，1688年（清康熙二十七年）7月19日生于意大利北部米兰公国的圣玛尔切里诺。他自幼受到了良好的艺术熏陶，六岁便进入一名米兰著名画家②的画室，从研磨颜色到修习绘画，从模仿老师的作品到复制一些作品，在随这位画家学习绘画与建筑期间，受到过较为系统的训练。

1707年（清康熙四十六年），朗世宁加入欧洲天主教会的宗教组织耶稣会，并为意大利的教堂画壁画。1714年时，郎世宁居住在葡萄牙里斯本及科英布拉从事宗教绘画创作。就在这个时期，郎世宁对中国产生了浓厚的兴趣。1715年8月17日，他以传教士身份被耶稣会葡萄牙传道部派遣，经历近十五个月的海上航行，抵达中国南方沿海的葡萄牙殖民地——澳门。在澳门期

① 引自《万木草堂遗稿外编》上册，《康有为全集》第十卷，中国人民大学出版社，2007年。

② 文献中均未指出是哪位画家，有研究指出有可能是 Filippo Abbiati，当时最著名的画家之一，曾受到来自米兰大圣堂以及贵族宫殿的重要委托。

间，郎世宁首先学习了中文，并确定以“郎世宁”作为自己的汉名。

在宫廷供职期间，郎世宁一边学习汉文和满文，一边学习中国的绘画技法，以融会贯通中国水墨画和西洋油画之间的技术差异。他改良绘画纸张，混用中西两种绘画颜料，还将中西绘画技法创新融合，这些主动的探索为他在清朝内廷取得了稳固的地位。在绘画题材上，他从初期的人物、动物画，转向情景、静物画和建筑内饰等多种题材。虽然他限于传教士的身份，但仍然得到康熙皇帝的青睐和重视，这在其他传教士身上几乎再也没有出现过，直到王致诚来华。

郎世宁供奉清廷自康熙皇帝始，但在其漫长的宫廷画师生涯中始终未能获得创作的自由。古伯察在《基督教在中国》一书中记载：

> 世宁从事历史肖像绘画已久，只是遂被迫放弃其从前学业，而在玻璃上作油画，在绢上做水彩画，绘树木、果实、动物之时多，画像之时罕。其作业仅在制作窗帘、屏风、扇面，而不在真正绘画。严密表现生物或静物之性质，兽之一毛，鱼之一鳞，花叶之纤微，皆须详细绘出。①

① 引自古伯察《基督教在中国》卷四，七一、七二页。转引自〔法〕费赖之，《在华耶稣会士列传及书目》，北京：中华书局，1995。

郎世宁供职内廷后，更是无暇兼顾其传教的事务，绘事繁忙，以至于仅能以余暇在北京的教堂绘制两幅大帧的画作。三位皇帝对待朗世宁的态度也不尽相同。康熙皇帝和雍正皇帝虽喜爱他的绘画艺术，但除绘画之外，从不与之接触谈话。倒是乾隆皇帝，对郎世宁颇加眷赏，常到他作画的如意馆命他绘画御容，并亲授绘画之法，修改他的作品。

在宫廷供职期间，郎世宁逐渐摸索、适应了中国传统绘画的技法，形成了他融汇中西方绘画技法的独特方式，并绘制了一些重要的代表作，如《柳荫八骏图》（图 8）《聚瑞图》《嵩献英芝图》《乾隆大阅图》《百骏图》《弘历及后妃像》《弘历平安春信图》（图 9）《平定西域战图》《十犬图》《仙萼长春册》《弘历朝服像》（图 10）《塞宴四事图》，等等。

其中有一副甚为独特，就是《弘历平安春信图》。这幅画描绘了年轻的弘历（未来的乾隆皇帝）与雍正皇帝一起的画像。这幅画像如此逼真，以至于多年以后，乾隆皇帝再次展阅，见到自己少年的容貌，欣然提笔："写真世宁擅，缋我少年时，入室皤然者，不知此是谁"，足见对郎世宁绘画的喜爱之情。1736 年（乾隆元年），刚刚即位的弘历便召郎世宁为其绘制着朝服全身像（故宫博物馆藏），并画一卷《心写治平图》记录他及其宠爱后妃的相貌。据聂崇正先生的研究，《心写治平图》乾隆皇帝一生也只打开过三次。

郎世宁在绘画技法上的探索，在这些画作中体现得尤其充分。他为了适应东方人的审美习惯，修正了他习自西方的传统绘画风格，并探索和开发了在东方特有的宣纸和绢纱上作画的技术。他结合中国水墨画“写真”的特定晕染技法，减弱绘画对象受光的强烈明暗对比，从而使人物肖像画保持了柔和色调和清晰五官的同时，还具备了东方审美所特有的欣赏习惯。在花鸟走兽画、静物画、纪实绘画等领域内，他又大胆地尝试运用几何透视、光影效果等技术，展现了中西汇融的艺术特色。

郎世宁的这些探索，对于身在宫廷的其他画家无疑产生了深远的影响。王致诚、艾启蒙等都深受郎世宁的影响，不仅在艺术创作上直接向郎世宁学习和交流，还在具体的绘画实践上，与郎世宁共同承担创作任务。同时，郎世宁作为宫廷画院重要的传教士代表，不仅在艺术上不断探索，也广泛地将其技艺传授给画院的中外画师及其弟子，他们或独立或合作完成的大量作品，构成了清中叶画院一道独特的风景。

马国贤、铜版画与康熙教禁

根据陛下的旨意，2 月 7 日我进宫，被带到了一个油画家的画室。他们都是最早把油画艺术引进中国的耶稣会士年神父（Gerardino）的学生。一番礼貌的接待之后，这些先生们给了我一些画笔、颜料和画布，让我也可以开始画画。他们画油画的时候，不用画布，而是用高丽纸，就用明矾水刷一下，也不做更多的准备。这种纸买来的时候尺寸大得像毯子一样，纸质非常结实，我几乎不能撕破它。

刚到帝都不久的马国贤，在其日记中详细地记录了清朝宫廷画院的情况，此时的画院，仍是传教士及其学徒的画室，还没有统一的称谓。1713 年（康熙五十二年），马国贤将中国宫廷画家所画的《承德避暑山庄三十六景图》原稿刻制成铜版画。他把铜版画技艺带到中国，并在中国对铜版画工艺进行了探索，使后来者如郎世宁和王致诚等传教士画家得以在创作表达上，增添出一条重要的技术途径。

与郎世宁、王致诚都是耶稣会士不同，马国贤是罗马教廷派往中国处理传教事务的“遣使会士”。早在马国贤进入内地之前，康熙四十九年（1710 年）五月二十八日，康熙特地请大臣赵昌口传圣旨：“西洋技巧三人中善画者，可令他画十数幅画来。”①

马国贤来华的目的是为了与葡萄牙和法国主导的耶稣会传教士们争夺在华传教的权限，也因此，先期到达的马国贤所遇到的困难比来自意大利和法国的郎世宁和王致诚要复杂得多。除了“礼仪之争”所造成的冲突之外，马国贤的主要任务是通过绘画技艺接近康熙皇帝以获取信任、借机传教。马国贤为了这个任务的实现，对自己不太熟悉的铜版画技术做了探索和实验，以期引起康熙皇帝对他的注意。马国贤在日记中记载了他探索铜版画的一些细节：

经过 20 天的旅程，我们安全地到达了热河。……就在这个特殊的场合上，我被告知必须要完成已经进行了的铜版画，并马上用它来刷印。关于硝酸腐蚀的雕刻艺术，其实我知道很少，只是在罗马跟一个艺术家学过一堂课，当时还是屈从了一个朋友的意愿，令人幸运的

① 引自《两广总督赵弘灿等奏复呈进西洋人所画画像及本澳船只带到进京西洋人等情折》，《康熙朝汉文朱批奏折汇编》（三），北京：档案出版社，1985 年。

是他似乎有着深谋远虑，极其热情地推荐我去学……在制造印刷机的时候，我再次遭遇了无数的困难，此前只见过这东西一次，而且是在不怎么在意的情况下。我现在差人做了一个，下面装的是滚筒，上面部分则是可以移动的。接下来的情况是，机器工作了，印出来的效果却是一塌糊涂，惹得太监、官员和宫廷里的其他人们大笑并加以嘲弄，这下我的麻烦和混乱都全了。然而，回想起来我来到中国的最终目的，我就把这些全都用耐心和幽默感对付过去了。陛下看了我的雕刻印版作品，尽管它们都十分灰淡，可他却是充满善意地谅解了。他甚至宣布说它们都非常好。他总是要求我继续做，从来没有发现我制造出来的错误……陛下知道我的雕版工艺获得了一些进展，决定要印刷一批采自他亲令建造的《热河三十六景图》。因此我就和一个受命画画的中国画匠一起过去，从而有机会观看了全部地方的景致，这是一个从来没有授予给任何其他欧洲人的特别的恩惠。

尽管技术上面临原料短缺和设备匮乏的困难，但是马国贤一直在慢慢地寻找办法以求克服，直到成果被印制出来之前，失败招致的嘲笑从来没有停止过，这些困扰或许是马国贤每天都要面临的。短期内制作大量的版画需要耗费很多精力，人手是另一个问题。但最终的事实证明，马国贤的铜版画实验是有效的，在不断改进和完善铜版画技艺的同时，他还开始创作出一些中国风景画，主要是通过与其他宫廷画师的合作，以铜版画的方式复刻相关作品进呈皇帝。

我们逗留在畅春园的时候，我向陛下呈上了一些中国风景画的印本，它们是由一位宫廷画家画的，并由我和一位刻工完成。皇帝看到这些画非常高兴，命令我用同样的方法刻印一些中文字。考虑到中文作品中很少不包含我们基督徒既不能刻、又不能印的迷信东西，我就选了两个中文字和两个西文字母……把它们呈送给陛下时，我注意到那些欧洲文字都做得很好，因为我能够写它们；但是那些中文字很差，因为我不能写它们，也就不能刻好它们……同一时期，我继续改进雕版工艺。陛下看见我最近制出的一些版本后，说它们都是“宝贝”(pan-pei)。他当场命令我刻印《热河三十六景图》，准备把它们和一些诗文合为一册，作为赠送给满族亲王和贝勒们的礼物。他还问我是不是可以带两个中国徒弟，条件是不能把我的工艺传授给其他任何人。我回答说，除了让陛下高兴，我别无所愿。皇上马上派了两个年轻人，后来又来了另外几个人，我还算成功地教会了他们。

艺术工作一直在进行，马国贤开始有了助手，材料的获取开始逐渐规律，版画制作的速度和数量也都有所提升。在其后的日记中，马国贤对于这项工作做了详细记录：

刻印完热河的风景图以后，我把印本呈送给皇上，他对此非常高兴，命令大量复制，送给他的皇子、皇孙和其他亲王们。因为我对《热河三十六景图》装为一册的方式很满意，他还命令我用同样的方式雕刻一套《皇舆全图》。后来我用了44块版子来进行印制，现在可以在我们那不勒斯“中国学院”的大厅里看到这个印本。

这样的恩宠却随着康熙朝廷与罗马教廷之间日益严峻的“礼仪之争”而变得微妙。马国贤虽有画技，但终究是遣使会士，在坚持教义方面与郎世宁等人有很大分歧，这在康熙皇帝看来，亦是不可理解。虽然康熙皇帝已与罗马教廷就这些问题做了往来沟通，但是在“礼仪之争”的问题上，则反复强调“西洋人”统一遵守“利玛窦规矩”。服从“利玛窦规矩”无分耶稣会士或是其他会士，这使得恪守教廷通谕的马国贤不断陷入两难之境。

康熙五十九年（1720年）十一月十八日，康熙皇帝在京上召西洋人苏霖、白晋、巴多明、穆敬远、戴进贤、严嘉乐、麦大成、倪天爵、汤尚贤、雷孝思、冯秉正、马国贤、费隐、罗怀忠、安泰、徐茂盛、张安多、殷弘绪至乾清宫西暖阁。上面谕："尔西洋人，自利玛窦到中国，二百年来，并无贪淫邪乱，无非修道，平安无事，未犯中国法度……今尔教主差使臣来京，请安谢恩。倘问及尔等行教之事，尔众人公同答应，中国行教俱遵利玛窦规矩。"① 要求在华传教士无分教派，悉以利玛窦规矩为传教准则，但其中严嘉乐、汤尚贤、安泰、殷弘绪、德理格并未签字，马国贤参与了召见并签了字，其后，未被召见但签了字的还有比马国贤晚数年来华的郎世宁。

然而，就在同年，康熙皇帝在罗马教廷《教王禁约》的译文上朱批："览此告示，只可说得西洋人等小人，如何言得中国之大理。况西洋人等，无一人同汉书者。说言议论，令人可笑者多。今来臣告示，竟是和尚道士，异端小教相同。此乱言者莫过如此。以后不必西洋人在中国传教。禁止可也。免得多事。"这一朱批，事实上表明了康熙皇帝禁止了西方传教士在华传教，但同时对于相关传教士则采取了留用宫廷的处理方式。

七年之后，康熙皇帝已经去世，新即位的雍正皇帝

① 引自陈垣整理《康熙与罗马使节关系文书》，故宫博物院影印本，1932年。

亦延续了其父在教禁方面的政策，并且于当年谕令严格执行教禁。1723 年 11 月 15 日，在华十三年的马国贤带着他的四位中国学生，离开了帝国的首都北京，开启了他返回欧洲的行程。此时郎世宁已入侍宫廷七年之久，而王致诚还是一位二十出头的欧洲学画少年。王致诚怎么也想不到，十五年后他会不远万里，来到遥远的东方帝国，延续马国贤在这里开始的绘画事业。

如意馆的西洋画师们

好在我略通绘事，否则，我就会与之前来华的几位耶稣会士那般，虽曾在这里居住二三十年，却未能涉足这宏阔园林一步，一窥堂奥。在这儿只有一个人，那就是皇帝，所有欢愉都是为了取悦他。这些迷人之地，除了皇帝本人及其后宫的嫔妃宫女太监等，其他人罕能得以一见。西人来华，唯钟表匠及画师可得入内，探览各处，皆因职业使然。我工作的画室是我曾提及的一个小小的宫室，皇帝几乎每日来此巡视，这样一来，我们皆不敢懈怠。一般情况下，我们不得逾越该宫室之界一步，除非他们无法将需要我们绘画的题材带到我们面前，在这种情况下，他们会安排大批太监卫士引领我们去到画画的地方。①

清代宫中，专门画画的机构曾经叫做“画作”，又称“画画处”，最后称“画院处”，是属于造办处的一个单位。画院处有一部分人员在造办处内的房屋内工作，但房屋不敷用，于是分散在六个地点。有一部分人员在“慈宁宫裙房”，一部分人员在“启祥宫配殿”，一部分人员在“咸安宫”，一部分人员在圆明园内“芰荷香”，一部分人员在圆明园内的“春雨舒和”，到乾隆年间又有一部分人员在圆明园内的“如意馆”——也就是王致诚所在的宫廷画院。如意馆是圆明园“洞天深处”内的一组建筑（图 12），原为各年幼皇子居住并读书的附属建筑。

位于北京故宫紫禁城内启祥宫南的画院，地处紫禁城西华门内武英殿以北，亦归属于内务部造办处。清吴长元《宸垣识略》卷二称“造办处在白虎殿后房”，并考证白虎殿即为明代的仁智殿，是明代宫廷画家作画之地。又据《清史稿》载清代宫廷绘画机构称：“清制画史供御者无官秩，设如意馆于启祥宫南。”礼亲王昭琏在《啸亭续录》载：“如意馆在启祥宫南，馆室数楹，

① 王致诚. 帝都来信：北京皇家园林概览［M］. 段建强，译. 上海：同济大学出版社，2018 年.

凡绘工文史及雕琢玉器，裱褙帖轴之诸匠皆在焉。”虽然这不多的两条记载语焉不详，但基本勾勒出清代宫廷画院的轮廓。

也有学者指出，如意馆为圆明园内的一处建筑，当皇帝驻跸于紫禁城时，在如意馆中工作的人员移至紫禁城内启祥宫服务，皇帝于初春迁往圆明园时，所有在启祥宫的人员又移至如意馆中当差。① 清代内务府在“各作成做活计清档”内就专有“如意馆”部分，记录包括绘画诸事项在内的清账。从存留下来的档案看，除了绘画绘工，还包括了与绘画相关的工艺美术、书画装裱等匠作。通览雍正朝档却未见相关记载，只写“画作”。“如意馆”三字最早见于乾隆元年（1736 年）档，此时先于王致诚来华（1738 年）两年，可见，尽管郎世宁等人供职宫廷绘事已十余年，但作为画院，最早见到的是乾隆朝的记载。

虽然如意馆的具体位置存在争议，如意馆内聚集宫廷画工则是不争的史实。在“画院处”当差的人员有三类：第一类是有官衔而专职在画院处当差的人，如唐岱；第二类是无官衔的，通称为“画画人”；第三类是画匠。画师们开始时也被称作“南匠”，概因当时供职

① 见嵇若昕《乾隆时期的如意馆》。

宫廷的画家和艺术家皆大多来自江南而得名，直至乾隆九年（1744年）弘历下旨：“春雨舒和并如意馆画画人嗣后不可写南匠，俱写画画人”。这些“画画人”有的是子承父业或兄弟相偕而入如意馆，有的则是旗人。前者较为知名的如张震、张为邦、张廷彦祖孙三代，吴璋、吴棫父子，以及丁观鹏、丁观鹤兄弟，余省、余穉兄弟等；后者如镶黄旗的福隆安等。

在如意馆画工的艺术家中，传教士艺术家显得最为特殊。年长的如马国贤、郎世宁、王致诚、艾启蒙等，年轻些的如贺清泰、安德义、潘廷章等，都曾在宫廷中供职，其中又以马国贤、郎世宁、王致诚最为突出。马国贤是这三位传教士中，较早进入中国并且以画技入侍宫廷的传教士，也是西洋画师中年纪稍大者。

乾隆皇帝对如意馆的绘事保持了浓厚的兴趣，礼亲王昭裢在《啸亭续录》载：“乾隆中纯皇万几之暇，尝幸院中，看绘士作画，有用笔草率者，辄手教之。”王致诚作画时，“帝来视之，谈话亲切。辄留二小时余，使致诚绘其种种姿势，种种衣服，不合意者帝手改之。”对于随侍帝王的中国画师而言，这是莫大的荣耀；而对西洋画师，这却是颇为苦恼的。

出于对传教事业的忠诚，很多传教士并未正式接受皇帝授予的官职。马国贤便是如此，郎世宁亦然，直到来华很久之后，郎世宁才接受并担任掌管皇家园林营造的工作，被授奉宸苑苑卿一职，官居正三品。然而，并非所有传教士都对供职获官有意愿。王致诚虽然亦供职宫廷，却始终未接受任何官阶职位。

王致诚来华担任宫廷画师至1754年7月29日，乾隆皇帝“欲奖其劳，决授以官。”致诚闻讯，即求某大臣转辞。“其人见其不受官爵，力劝之，见其固辞如前，乃语之曰既不受官，不妨受俸。致诚并俸禄亦辞而不受。”① 于是便有了第二天的这段对话：

帝：闻汝不欲为官，其意安在？

致诚：臣为教士不应受此尊荣。

帝：郎世宁亦教士，然曾为官也。

致诚：因皇上强其为之，然彼辞谢已屡矣。

帝：刘松龄缘何为官？

致诚：松龄亦教士，既主钦天监事，居官尽职不得已而为之。

帝：然则汝不妨在一衙门尽汝之职。

致诚：臣仅解华言，不善华语。

① 引自《传教信札》，卷Ⅳ，五一—五四页；第二十八辑，一七五八年，XXX—XXXⅧ页。

乾隆皇帝也就不再勉为其难，“改言他事，不复强之为官。”

如意馆的画师们不独西洋人，大量的工作仍然是由中国画师完成的。清代乾隆时期设立的如意馆、画院处，汇集了当时主要的宫院画家。聂崇正指出，在宫廷中供职的大多数画家都是职业画师。只有极个别的画家，原先是士流文人，进入宫廷以后也以画画为业，但他们在宫中供职一段时间后，皇帝批准他们参加会试，通过后便离开宫廷脱离了“画画人”的身份成为官员，重新加入士流画家的行列。① 这其中，如绘制了《盛世滋生图》的徐扬就是乾隆十六年（1751 年）进入宫廷供职，弘历恩赏同意他参加会试，他在丙戌（乾隆三十一年，1766 年）会试后被授内阁中书。②

这些如意馆内的“画画人”并非一直待在如意馆内作画，而是常常随侍于皇帝身旁，以便经常记录皇帝的行踪事迹。他们会经常分散于若干地方作画，常以其绘画创作所在场所名之，见于史料的如“慈宁宫画画人”“南熏殿画画人”“启祥宫画画人”“如意馆画画人”“春雨舒和画画人”“礼器馆画画人”等，若在某宫内作画，又以“行

① 聂崇正. 清代宫廷绘画机构、制度及画家［J］. 美术研究，1984(3)：51-54.

② 记载于佚名《读画辑略》。

走”称之，如“启祥宫行走”“如意馆行走”等。

虽然有关肖像、花鸟动物和静物的绘画创作可以在画室内完成，但在开展造园活动时，一些需要在墙壁上创作或需要悬挂、张贴的大幅创作仍然需要在现场或就近完成。为了便于创作，在圆明园和热河避暑山庄就设有如意馆的分支机构。王致诚信中提及的，便是如意馆设于圆明园的分部。

肖像画

以人物为主要描绘对象的绘画统称为人物画，其中较为正式的则称为肖像画。在中西方漫长的绘画历史中，肖像画作为非常重要的一类绘画题材，被广泛地探索和实践。然而，东西方文化对人物肖像绘画却有着截然不同的理解，从而产生了差异巨大的表现结果。

肖像画在我国有着漫长悠久的历史。由于有对先祖祭祀和崇拜的需要，也具有“成教化、助人伦”的功用，人物肖像绘画在我国较早就发展起来。较之山水、花鸟等其他题材类型，肖像画表现的内容虽然基本仅限于人物，但从出土文物的情况看，却是极为丰富的。

秦汉时代墓葬出土帛画使我们得以看到两千多年前的肖像手迹，如楚国《合掌女子》《大夫御龙升天》以及汉墓马王堆女墓主的肖像。及至东晋，顾恺之又在人物肖像画的理论与实践上做出重要的探索和扩展，提出“以形写神”的理论，其所绘《维摩诘像》形神具备，写真传神，引致杜甫发出“看画曾饥渴，追纵恨淼茫。虎头金粟影，神妙独难忘”的慨叹。南京西善桥东晋墓室砖刻《竹林七贤》从侧面反映了顾恺之肖像画的成就。

唐代以降，肖像画盛行于世。据史籍记载，不仅宫廷壁画有表彰功臣的肖像，墓室壁画有墓主的肖像，佛殿石窟也大量出现供养人的画像。这些不同类型的人物肖像画，由于其创作和使用的不同，产生了专供任职的宫廷画家与大量民间画师。著名的如阎立本的《历代帝王图》《步辇图》，孙位的《高逸图》，周文矩的《重屏会棋图》，顾闳中的《韩熙载夜宴图》等都是这一时期的代表性作品。当时，此类创作便被称为“写真”或“传神”。

如果说从顾恺之到阎立本的创作奠定了中国人物肖像画的艺术基础，规定了中国人物肖像画的基本绘画法则，提出了中国人物肖像画的创作理论，即线描为主、略作晕染、以形写神；那么宋、元时代的人物肖像画，则可概括为自李公麟开始的白描法与梁楷独创的简笔写意对传统的一次变革。前者对传统线描技法进行凝练、丰富和发展，后者则打开了“笔、墨、神、意”的诸多可能性。到了元代，王绎所著《写像秘诀》被称为我国现存第一部完整总结人物肖像画的专著，他本人也是颇有成就的肖像画家。

到了明、清两代，随着城市经济发展和商业的繁荣，来自市民阶层需要的人物肖像画逐渐增多，魏晋以来的人物故事画的传统渐趋式微，反而是用于祭祀、朝拜、供奉的民间肖像画开始得以繁荣，参与创作的画家和作品远超之前的任何时代。

其间，西洋绘画技法的传入引发了中国人物肖像画的又一次变革。明代万历年间传耶稣会传教士利玛窦来华，其带来的圣母像、耶稣像由于油画迥异于中国传统绘画的技法，震动当时中国画坛，影响波及江南诸地。

当时流寓南京的肖像画家曾鲸（字波臣），在这种西来艺术的影响下，探索出以传统水墨和粉彩作为技法基础的墨骨与墨渲染的肖像画绘画技法。姜绍文《无声诗史》记载曾鲸“写照如镜取影，妙得神情。其敷色淹润，点睛生动，虽在楮素，盼来颦笑，咄咄逼真。……每画一像，烘然数十层，必匠心而后止。”张庚的《国朝画征录》也说：“写真有二派，一重墨骨，墨骨即成，然后敷彩，以取气色之老少，其精神早传于墨骨之中矣，此闽中曾波臣之学也。一略用淡墨，钩出五官部位之大意，全用粉彩渲染，此江南画家之传法，而曾氏善矣。”

这些技法虽然开始使画面产生凹凸的变化，人物形象略有立体的感觉，但是，仍然延续中国传统肖像画的表现方式，并不表现外在光源、阴影和投影、透视的关系；虽然发展了新的风格和形式，但仍在“形、神”和“笔、墨”的讨论中延续关于中国传统人物肖像画的程式。曾鲸及其弟子们所构成的“波臣派”，在明代晚期和清代的数百年间被广泛运用，形成潮流。

由于清代以前的人物肖像画虽也属于纪实绘画作品，但大多数作品并不是画家通过系统的主题创作完成的。虽自唐代《步辇图》始就有以绘画记录帝王生活或重大历史事件的传统，但清代传教士们参与的这些具有明确实录性的纪实人物肖像画，对记录清代帝王日常生活、外交事件、重大战事等起到的作用，是之前的人物肖像画所不可比拟的。

在存世的清宫传教士画师中，郎世宁与王致诚的肖像画作品便是突出代表。考察郎世宁和王致诚在清廷的档案，肖像画创作是他们日常最重要的工作。仅乾隆十二年（1747 年）至乾隆十三年（1748 年）一年间，王致诚来华已近八年，便有多处其绘制“美人图”的记载：

初十日，太监胡士杰传旨：香山情赏为美圆广门上，着王致诚画美人一幅……

二十六日，太监胡士杰传旨：启祥宫王致诚画簾刷下画美人面向右……

初一日，太监胡士杰交宁静舟门口样一张，传旨：着王致诚画簾刷下画美人面向右……

五月十二日，太监张永泰传旨：同乐园圆光门内着王致诚画美人一幅……

本月二十日，王致诚画得凖美人稿一张，员外郎郎正培库掌瑞保呈览

八月十七日，员外郎郎正培奉旨：王致诚现画的圆光美人画，留着别处用，再照尺寸画圆光美人一幅……

频繁的人物肖像画工作，对传教士们而言是繁重的。工作不仅受限于时间，要贴合美人图装饰挂裱场所的空间、氛围需求，画师们还要在不同的园林建筑之间来回奔波。对于王致诚而言，这些美人图的绘制是乏味的，反而是肖像写真具有特别的意味，尤其是为皇帝本人绘制肖像画：从传教的角度，他更愿意以自己熟悉的

高超画技来达到接近皇帝的目的。

人物画传统随着西洋传教士的来华，发生着有趣的转变。清代康、雍、三朝发生了许多重大的历史事件，清代宫廷需要大量写实风格的画家来完成对这些历史人物与重大事件的记录。宫廷的需要与画家的技艺，在这一刻交汇了。从马国贤的来华，以其绘画技艺进入康熙内庭，到郎世宁、王致诚、艾启蒙、潘廷章等一大批熟悉西方油画写实技艺的传教士在清朝内庭画院常年供职，甚至终其一生服务于帝王，对中西方文化交流而言，实在是历史的必然结果。

《十骏图》

马是战争年代最重要的物资，马因其是取得胜利的必备条件之一而备受重视；又因为好马往往会与其主人建立一种默契的关系，从而在历史上留下浓重的一笔。尤其在魏晋南北朝之后的隋唐，胡马逐渐被作为富国强兵的重要基础，而牧马成为了重要的基本军事物资和社会强盛富足的象征。因此，马为历代帝王所重视，往往属国交易和进贡之物中常有良驹宝马。

中国著名的伯乐相马的故事就给后世以启示：能够

辨识真正千里马的伯乐，可以使马获得脱颖而出的机遇。这常常被用来比喻明君对治国安邦人才的渴望。这种传说和隐喻，在唐代被发展成为皇帝招揽人才、举贤任能的标志，尤其成为大臣进谏帝王的历史典故，韩愈就以此为典写出了著名的《马说》：

世有伯乐，然后有千里马。千里马常有，而伯乐不常有。故虽有名马，祗辱于奴隶人之手，骈死于槽枥之间，不以千里称也。

马之千里者，一石或尽粟一石。食马者不知其能千里而食也。是马也，虽有千里之能，食不饱，力不足，才美不外见，且欲与常马等不可得，安求其能千里也？

策之不以其道，食之不能尽其材，鸣之而不能通其意，执策而临之曰："天下无马！"呜呼！其真无马邪？其真不知马也！①

杜甫也有诗云："国初以来画鞍马，神妙独数江都王。"江都王是唐代画马的能手，他有一段画马的论述，可作为后世鞍马画一直受到帝王、士人重视的注解："士人多喜画马，以马之取譬，必在人才，驽骥迟疾，

① 选自《昌黎先生集·杂说》。

隐显遇否，一切如士之游世。不特此也，诗人亦多以托兴焉。是以画马者可以倒指而数。”可见古人画马并非单纯地描绘马这种动物：对帝王，有自比伯乐之意；对士人，则有自比良驹，盼遇伯乐之希冀。

上行下效之风遂起，因赏马而有马图之流行。马图最初被用来作为辨识马匹和区别品类的题材绘画，这种传统历时久远。早期马图多作为墓葬壁画出现，以显示主人生前所拥有的坐骑；后来随着进贡与贸易的频繁，而出现对真实马匹的描绘，开始形成特定的“鞍马画”绘画。由于南北朝时期胡人南进的历史影响，北齐和敦煌壁画中开始大量出现鞍马画题材，经历隋唐交替的战乱，在唐代则逐渐演变为一种重要的动物绘画题材。由皇族画家、御用画家和民间画家共同构成了画风迥异的“鞍马画”、唐三彩、墓室壁画和浮雕等众多以鞍马为题材的艺术作品，并形成了初唐与盛唐两个鞍马画的高峰期。盛唐时期，在引进西域良马的背景下，出现了中国古代绘画史上“第一次画鞍马的高峰”①。

早期则以展子虔的车马与董伯仁的台阁并称“董展”。北宋董逌在《广川画跋》卷四记载展子虔：“展子虔作立马而有走势，其为卧马则有腾骧起跃势，若不可

① 余辉. 唐马天下震骅骝长安肥：唐代鞍马画述略［J］. 西北美术，2016（4）：46-51.

掩覆也”。可见其所绘马之动态俨然，惜其原作已失，唯留宋人临本，张彦远《历代名画记》卷八和北宋《宣和画谱》卷一皆存其画名。

存世较为著名的马图，当属传为韩干（约 742—756）所绘《照白夜图》卷（纸本水墨，纵 30.8 厘米，横 34 厘米，纽约大都会艺术博物馆藏），描绘了唐玄宗最钟爱的一匹战马——照夜白。史载韩干颇为注重写生，曾亲赴马厩观察，而非仅限于临摹前人画作。图卷采用大量水墨抽象线条描绘马的轮廓筋骨，以淡墨晕染，属唐代盛行的“白画”代表。

初唐时代工部尚书阎立本为唐太宗李世民设计的“昭陵六骏”墓室浮雕，表现了李世民生前的坐骑，这些坐骑是为李唐王朝立下赫赫战功的六匹宝马：飒露紫、卷毛孤、白蹄乌、特勒骠、青骓和什伐赤。“昭陵六骏”进而奠定了唐代鞍马画英雄主义的艺术倾向。唐代墓葬壁画中，陕西三原李寿墓（630 年）、乾县李贤墓（706 年）、李重润墓（706 年）皆有人马出行图像存世，成为影响深远的作品。

金代赵霖所作《昭陵六骏图》（现藏于故宫博物院），便是依“昭陵六骏”为蓝本所做的绢本长卷。全卷分六段，每段画一马，旁有题赞。骏马的形态既忠于原作，又注意发挥绘画之长，通过遒劲的笔法和精微的设色，将马匹的毛色表现得更加真实自然，战骑驰骋疆场的雄姿也刻画得十分生动。

在中国画史中，这种题材更是被发展为《百马图》《十骏图》等类型，代有杰作。北宋马贲、南宋龙衮、金代杨邦基、完颜允恭、元代任仁发、赵孟頫、赵雍、赵麟祖孙三人等都画过百马图，但无一例外，这些“百马图”都失传了，目前存世的马图仅约有三百件。《百马图》《十骏图》又扩展到对诸如鹿、犬等动物的描绘，成为一个蔚为大观的独特画种。元代早期蒙古统治者抑制汉人为官，于是“马与马倌”的绘画题材成为一种隐喻，有谏喻朝廷选任汉族人才之意。较为著名的便是赵孟頫、赵雍、赵麟祖孙三人所绘《赵氏三世人马图》卷（纸本水墨，纵 30.2 厘米，横 178.1 厘米，美国纽约大都会艺术博物馆藏）。

到了清朝，满族本身即是马背上的民族，更对宝马良驹重视有加。也因此，在清代画院绘画之中，鞍马画成为非常重要的一个组成部分。作为宫廷画室的传教士们亦不例外，几乎都有鞍马画的创作经历，其中较为突出的，便是郎世宁与王致诚。

在清宫内务府的活计档中有这样一条记载：“乾隆八年，三月初三日，司库郎正培面奉上谕：着郎世宁画十骏大画十幅，不必布景，起稿呈览。钦此。”半年以后，又一条记载称“十月二十六日，太监胡世杰交郎世宁画十骏绢画十张，着托裱大画十张，着托裱大画十轴。”此《十骏图》裱成之后，深受乾隆之喜爱，命交懋勤殿，让翰林评定等次，由张照等按月份编次，俱评为上等，并特制黑红漆画金龙箱收贮。

这十幅画是依照真实的骏马所绘，画幅巨大，几乎与真马相当。《十骏图》被收录在《石渠宝笈初编》，著录详尽。从中可知，《十骏图》收藏于御书房，是“素绢本，着色画”，属上等品。书中不仅记录了每幅画中骏马的名字、进献者的名字，而且注有马的尺寸，并有大臣对它的赞誉。《石渠宝笈》还记录着：“每轴署字下注语，又满洲字、蒙古字各一行，译同。轴高七尺四寸，广八尺四寸有奇。”至乾隆十三年四月，又将郎世宁所绘《大宛骝图》《红玉座图》和《如意骢图》三轴续入《十骏图》内。

在存世的清代鞍马画中，较为重要的还有王致诚所绘《十骏马图》。图册共十开，纸本设色，纵 24.2 厘米，横 29.1 厘米，现藏于故宫博物院。最末一开左下角有题款“臣王致诚恭绘”，款下钤“恭”“画”印两方。所绘十匹骏马均来历不凡，皆由蒙古各部王公进贡，有喀尔喀、科尔沁、和拖辉特、翁牛特等部旗。另有对题十开，分别为乾隆朝大臣张照、梁诗正撰的题赞，由嵇璜书写。

十匹骏马各有名字。这些名字有的依据马匹样貌而取，突出马的毛色，如：通体雪白者取名“狮子玉”；深色皮毛上带有白色斑点的，唤作“雪点雕”；一身红白相间者则叫“赤花鹰”。除了对毛色的表示外，名字中也有以狮子、雕、鹰等威猛动物作为比拟来赞美骏马。还有一些名字，如万吉骦、阚虎骝、霹雳骧、自在駥、奔霄骢、英骥子，这些名字中的“骦”“骝”“骧”“駥”“骢”“骥”等字，现代汉语中已少有使用，都是表示善驰骋的骏马、千里马的意义。以此命名，其表彰褒颂之意不言而喻。

乾隆皇帝是一个文武兼重的君王，“十全武功”是他对自己功绩的总结。对这些曾经骑乘的骏马，乾隆视为良伴，以有功之臣对待。这些谕令传教士画师所绘《十骏马图》画好之后，他都会命词臣作赞文题于画上。在晚年时，自己又亲作诗文，御笔题写，钤盖“古稀天子之宝”“八徵耄念之宝”等鉴赏玺印。这些由传教士们绘制的栩栩如生的《十骏马图》，或许激起了暮年皇帝对往昔岁月的无限感慨吧。

《乾隆平定准部回部战功图》

与满族相似，同为“马背上的民族”的蒙古族亦好良驹，但也好战。元代以后，在漫长的民族演变中，居住在我国西北方的蒙古族主要分为三大部，即漠南蒙古、漠北喀尔喀蒙古和漠西厄鲁特蒙古，后者明朝时被称为“瓦剌”，清初称为厄鲁特部。它分为四部：准葛尔部、和硕特部、杜尔伯特部和土尔扈特部。后来，准葛尔部不断扩张，引发战乱。1671 年，准葛尔汗葛尔丹出兵占领天山南部，将回部（维吾尔族）首领扣押，从而引发了清廷的平定叛乱之战。1696 年，康熙皇帝平定叛乱后，令准部返回南疆，管理回部事务。

乾隆二十年（1755 年）二月起，清朝出兵远征准葛尔汗国，以平定该地区长期的内乱，在一系列的战斗之后，交战的双方是大将军兆惠和占据这些地区的厄鲁特首领。而在经过乾隆二十三年（1758 年）、二十四年（1759 年），清朝中央政府在与准葛尔部达瓦齐和回部大和卓木波罗泥都、小和卓木霍集占的叛乱势力进行的较大规模的战斗中获得了胜利，从而新疆各部基本趋于稳定。

为了纪念这一荣耀的历史事件，乾隆皇帝让那些住在他宫廷里的传教士艺术家——王致诚、郎世宁、艾启蒙、安德义——制作了表现这场战争主要场景的十六幅铜版画。乾隆二十七年（1762），皇帝命令郎世宁起草《乾隆平定准部回部战图》的小稿十六幅，乾隆三十年（1765），以上四位画家奉命每人绘制正式图稿一幅。

乾隆三十年五月二十六日（1765年7月13日），皇上颁旨：

平定准葛尔、回部等处得胜图十六幅，着郎世宁等绘画底稿，发往西洋，拣选能艺，依稿刻做极细铜版。其铜版不可拚做，所用工料任其开报，如数发给。令将郎世宁画得《爱玉史诈营稿》一张、王致诚画得《阿尔楚尔稿》一张、艾启蒙画得《伊利人民投降图》一张、安德义画得《库尔满稿》一张先行发去，作速刻作，得时每版用整纸先刷印一百张，随铜版一同交来。其余十二张陆续三次发去，钦此。

四幅画作由于这道圣旨而被确定下作者，另有十二幅画作，则由乾隆皇帝规定画家，分三次绘制呈进。第一批画稿完成之后，并未指定由哪一国制作。负责此事的广东粤海关，原打算将之送往英国，适时，欧洲耶稣会驻华会长恰在广州，因他是法兰西人，便在广东总督面前力推法国艺术，主张将画稿送往巴黎制作。

这套铜版画共十六幅，每幅纵55.4厘米，横90.8厘米，纸本印刷（图13，图14）。各图名称依次为：《平定伊犁受降》《格登鄂拉斫营》《鄂垒扎拉图之战》《库陇癸之战》《和落霍澌之捷》《乌什酋长献城降》《通古斯鲁克之战》《黑水解围》《呼尔璊大捷》《阿尔楚尔之战》《伊西洱库尔淖尔之战》《霍斯库鲁克之战》《拔达克山汗纳款》《平定回部献俘》《效劳回部成功诸将》《凯宴成功诸将》。这十六幅铜版画中，由王致诚绘制的有三幅，分别是《和落霍澌之捷》《阿尔楚尔之战》和《平定回部献俘》。

阿尔楚尔之战发生于乾隆二十四年七月初八日。《阿尔楚尔之战》描绘了该战役当日，清军在探知大小和卓木叛军踪迹后骑兵急行，次日与叛军遭遇于阿尔楚尔的战斗场面。画中可见叛军在山中设伏，引诱清军深入；清军分为三队，中路以大炮轰击，叛军不敌败退；清军冲至山岭，据高向下攻击，叛军溃退三十余里；再次接战，叛军又败，越山而遁。此役清军歼灭叛军千余人，缴获武器上千件，并于阵前斩杀和卓木手下头目阿卜杜克勒木等多人。王致诚在《阿尔楚尔之战》的版画中描绘了大队清军正满山遍野而下将叛军围困于阵前，清军以骑兵打头阵，骆驼、回旋炮以为后援，叛军已呈溃败之势的场景。

若仔细观察，可以发现，图中人物虽着东方服冠，但眉目之间又有高鼻深目的欧洲人面容，这些是因为雕版者并未见过东方人，而仅凭郎世宁、王致诚画稿想象而导致的结果。画中的山石树木形态、阴阳向背关系、人物动物解剖却画得较为写实，这也是欧洲画法的主要特征。

这最初的四件作品的画稿被先期运往巴黎，随画稿寄达巴黎的，还附有乾隆皇帝上谕的拉丁文及意大利文译文以及一封注明同一日期的信札，这封信是由郎世宁写给教会艺术主管的，在信中他提出了制作要求。1766年12月31日，当此信交给马里涅（Marigney）侯爵，也就是皇家绘画艺术学院院长时，郎世宁已于同年六月初十日去世。其他的作品在第二年到达，马里涅把它们委托给学院的史官秘书科香（Cochin）。这项工作聘用了巴黎艺术学院八位相当有名的雕刻家：马斯克利埃（L. -J. Masquelier）、阿利梅（J. Aliamet）、勒巴斯（J. -P. Le Bas）、奥古斯坦·德·圣-奥般（Augustin de Saint-Aubin）、弗兰克-德尼·内（Franc. -Denis Nee）、普雷沃斯（B. L. Prevost）、肖法尔（P. P. Choffard）和德·洛内（N. de Launay）来进行铜版的雕刻，直到乾隆三十八年（1773 年）才最终全部完成。可惜此时，参与这批珍贵的铜版画绘制的宫廷画家王致诚，已于六年前的乾隆三十三年（1768 年）去世了，未能见到最终版画的成品。

雕版在法国制作完成，这批版画一共制作了两百套，据契约上的记载，全部花费为花边银五千两，分期付予法方。由于制作周期过于漫长，在被运回中国后，以致接受的内务府人员已经搞不清图幅的具体名称，只得将参与此事的波西米亚人艾启蒙请来，对画作进行辨认和注明。其中极少数的几件为法国皇室和国王的藏书楼所保留，成为目前法国国家图书馆内的藏品。铜版的原版，现收藏于德国柏林国立民俗博物馆内，当为晚清光绪二十六年（1900 年）八国联军占据北京时从大内西苑紫光阁中劫掠的遗物。实施劫掠的八国联军在面对这些战功图，看到上面高眉深目的人物形象时，或许已经无从知道，这铜版画的原作者是秉持着虔诚勇往的心远渡重洋而来的耶稣会传教士们。此时，距离王致诚最初来到中国，已过去了一百六十二年。

造园：万园之园

这种工程奇观如同仙宫楼阁忽现于奇山异谷之间或群峰之巅。这整个的胜迹，名曰“圆明园”，意为“园中之园”，或“万园之园”。属于君主的园林并非只有一处；而是还有三处，但他们有都属于一类，但无一处不是结构宏阔如斯，精致壮美如斯。长春园，就是由现皇帝的祖父、康熙皇帝肇造，以居现今皇太后及其臣属的皇家园林。

——王致诚

造园

当夫重峦极浦，朝烟夕霏，芳萼发于四序，珍禽喧于百族，禾稼丰稔，满野铺芬，寓景无方，会心斯远。其或穲稏未实，旸雨非时，临陌以悯胼胝，开轩而察沟浍，占离毕则殷然望，咏云汉则悄然忧，宛若禹甸周原在我户牖也。每以春秋佳日、天宇澄鲜之时，或盛夏郁蒸炎景铄金之候，几务少暇则祗奉颐养游息于兹，足以迓清和而涤烦暑，寄远瞩而康慈颜。扶舆后先，承欢爱日有天伦之乐焉。其轩墀爽垲以听政事，曲房邃宇以贮简编，茅屋涂茨，略无藻饰。于焉架以桥梁，济以舟楫，间以篱落，周以缭垣，如是焉而已矣。既成而以畅春为名，非必其特宜于春日也。

康熙二十九年（1690 年），畅春园建成时，康熙皇帝在《御制畅春园记》中，描写了他营建畅春园以“避喧听政”的经过。在经历了漫长的三藩平定战争之后，康熙皇帝治下的清朝正迎来一个逐渐鼎盛、平和安定的时期。在清王朝入关定都北京之初，来自关外的满族统治者由于长期处于严寒地区和游牧征战，对北京的炎夏气候很不习惯，曾有择地另建避暑宫城的拟议。但开国之际，百废待兴，这种愿望一时难以实现。《东华录》便记载：

（顺治七年）七月乙卯。摄政王谕，京城建都年久，地污水碱。春秋冬三季犹可居止。至于夏月，溽暑难堪。但念京城乃历代都会地，营建匪易，不可迁移。稽之辽金元曾于边外上都等城为夏日避暑之地。予思若效前代建山城一座，以便往来避暑。

清朝康熙年间，是明末以来大动乱之后一个比较安定的时期。经济有所发展，政府财力也比较充裕。回想起早年即位时期大内发生的火灾，康熙仍印象深刻。为防火患和起于内廷的暴乱，大内重建时采用了各宫院以高墙互相隔绝的方式，形成许多封闭的院落。虽然于康熙十六年（1677 年）建成的香山行宫和康熙十九年（1680 年）建成的玉泉山澄心园（后改名为静明园），部分满足了偶尔驻跸游憩的需要，但若是在园中处理政务和日常起居，两园显然未令年轻的皇帝满意。

位于自然山水之中的园林，格局敞阔疏朗、建筑曲折有致、景观层次丰富，都比紫禁城封闭式的深墙宫院更引人入胜。康熙二十六年（1687 年），皇帝便开始着手在北京西北郊修造一座正式的可兼做处理政务和日常起居的离宫型皇家园林——畅春园。畅春园位于北京西郊香山和玉泉山一带，因其山形疏朗，水势丰沛，风景绝胜，久为京畿达官文人所重，成为康熙皇帝修造这一皇家宫苑的首选之地。

因借旧址修筑宫苑，历来是我国皇家园林修造的传统。早在元代，海淀低地上遍布的湖泊就以绝佳的风景成为京畿近郊的游览胜地，被来此流连的文人雅士称为"丹棱沜"，多有吟咏赞赏此处的诗文。到了明代，一些达官贵人于此地营造别墅，发西海淀园林营造的先声。万历年间，明皇族外戚武清侯李伟的别墅"清华园"便建于此地，周环十里，号称"京国第一名园"。又有太仆少卿米万钟于清华园东墙之外造"勺园"，取"海淀一勺"之意。缘此，昔日的京畿郊野，迎来了第一次的造园热潮，成为名噪一时的园林荟集地。然而明、清易代，林泉荒毁，园林圮废，渐无踪迹。畅春园便是利用清华园旧址的十分之六七营建的，大约占地六十公顷。康熙皇帝玄烨每年的大部分时间都居住在畅春园，开清代帝王"园居理政"之先河，并被雍正、乾隆诸帝沿袭成为惯例。

到康熙四十六年（1707 年），康熙皇帝的几位皇子开始在毗邻畅春园的东北部营造他们自己的园林，其中便有后来称为“圆明园”的第四子胤禛的藩邸赐园，其位于北京西郊海淀挂甲屯以北地段。雍正帝即位后，自雍正三年（1725 年）始，雍正帝将圆明园升为离宫，开始大规模扩建，将其面积由三百亩扩大至约三千亩，在园的南部增建正大光明、勤政殿，以及内阁、六部、军机处诸值房，并命名了“圆明园二十八景”。

雍正三年八月二十七日至二十九日，即位未及三年的雍正皇帝首次驻跸圆明园，并谕：“朕在圆明园与宫中无异，凡应办之事，照常办理”（《清实录》）。圆明园至此成为雍正、乾隆两朝皇帝“园居理政”之御园，后来历代清代帝王亦延续了这一传统，也是这个缘故，圆明园的营造也始终在进行。

乾隆帝继位后，开始了大规模的园林兴建。他首先在乾隆二年（1737 年）将圆明园二十八景扩建为四十景，随后在乾隆十年（1745 年）在其东边修建长春园，同年在香山修建静宜园，建成二十八景。乾隆十四年（1749 年），乾隆为向其母祝寿，在瓮山（改名万寿山）兴建清漪园，至乾隆二十九年（1764 年）建成。同一时期又对太后居住的畅春园进行大修，在其西部增建西花园，为皇子读书居住之所。乾隆十五年（1750 年）扩建玉泉山静明园（1692 年由澄心园改名），将玉泉山全部圈占，并修建了静明园十六景，乾隆二十四年

(1759年）建成。乾隆二十五年（1760年），长春园北部西洋楼景区竣工。乾隆三十四年（1769年），将圆明园东南若干皇子和公主赐园收回，并为绮春园，至此“三山五园”工程基本全部完成。至乾隆三十五年(1770年），基本形成“圆明五园”的格局，设圆明园总管统一管理。乾隆皇帝在位的六十年，对圆明园岁岁营构，日日修筑，浚水移石，栽植养护费银千万。

嘉庆年间猗春园进一步地扩建和改建，圆明园达到最鼎盛的境况。嘉庆七年（1802年）和道光二年(1822年），春熙院和熙春园被分别赐予庄静固伦公主和惇亲王绵恺，“圆明五园”就此变成了“圆明三园”。至道光时，国事日衰，财力不足，但他宁撤万寿、香山、玉泉“三山”内多处宫殿建筑及内部陈设，罢热河避暑山庄与木兰狩猎，仍不放弃对圆明三园的改建和修饰之想，奈何国运惨淡，无果而终，实际上相当于将其废弃，放任不顾。

道光、咸丰年间，虽对圆明三园仍有局部的改建、修整和增建，但规模相对较小。咸丰十年（1860年），圆明三园惨遭英法联军焚掠。同治、光绪年间，清廷均曾计划重修，但因为耗费过大而终止。三园此后又经历各种劫难，最终彻底沦为废墟。在1860年第二次鸦片战争中，英国军队将西郊各园林悉数焚毁。同治年间曾计划重建圆明园，并为此拆除了周围附属园林中幸存建筑的木料，但却因财力窘迫而被迫搁置。

有清一朝数百年，北京西北郊造园活动在经历繁盛与浮华、绝胜与风光、劫难与凋敝之后，方才因为战事纷乱与国运危难戛然而止，而这其中短暂的胜景荣光，却只留下广袤废墟之上的断壁残垣。被王致诚热诚地称呼为“万园之园”的圆明园，就这样永远地消失在这片废墟之间。

万园之园

王致诚在宫廷画院的时间，正是乾隆皇帝大举营造圆明园的时期。身为宫廷画师的王致诚，不仅参与了圆明园内大量建筑装饰画的绘制，同时，由于参与长春园西洋楼景区的设计和建造，使他能不时居住在圆明园内，从而目睹了这座“万园之园”的营造。

整座宫苑，名曰“圆明园”，意为“园中之园”，或“万园之园”。属于君主的园林并非仅此一处，而是还有三处，它们都属于同一类型，但都不及圆明园规模宏阔，精致壮美。另一座园林，畅春园，是由当今皇帝的祖父康熙皇帝肇造，现今皇太后及其臣属居住于此。其他王公皇子之园，虽规制较小；而帝王之园，规模宏大。

圆明园、长春园、猗春园三园，以倒品字形彼此相连，总面积三百五十公顷。三园外围宫墙总长达十公里，设有十九座园门，园内通过山丘、水系、游廊、围墙的分隔形成各有主题、意趣不同的景区，相当于若干园林的集合体，因此被称为“万园之园”。其中修造大小建筑群总计一百二十余处，主要以厅堂楼榭等游赏性景观建筑为主，同时还拥有相当数量的宫殿、居所、佛寺、祠庙、戏楼、市肆、藏书楼、陈列馆、船坞等特殊性质的建筑，类型极为丰富，全面展现了清代皇家园林文化的丰富多彩和宫廷匠师的杰出智慧。

王致诚也参与到圆明园的修造过程中，尤其是长春园西洋楼建筑群及景区的兴造。圆明园的修造虽始于雍正年间，而且雍正皇帝驻跸圆明园理政已经常态化，但是直到乾隆皇帝当朝，圆明园才真正开始大规模的园林营造活动。

这座宫苑，至少像第戎一样大；如此，您就能够通过对比，认识到其壮美。

这座宫苑由众多形态各异的建筑组合而成，虽然互相分离，却呈现出整体的均衡与美感。建筑被巨大的庭园、葱郁的林地和满植奇花异草的花园所分隔。所有建筑物主立面上的构件都做了鎏金，或施以清漆，或绘以彩绘，耀人眼目。建筑内部则饰以众多精美绝伦且价值连城的陈设，大多都是从中国各地、印度，甚至从欧洲搜寻所得的至宝。

在园林中，首先满足的是皇帝驻跸理政的需要。贾珺在《圆明园造园艺术探微》中指出：清代中期“这种君权至上的体制中，皇帝不但是国家的象征，也是政府的最高行政首脑，是庞大官僚机构的实际中枢，几乎所有重大政事均有皇帝乾纲独断。清代中期的五位皇帝长期在圆明园居住，使得御园中的理政空间称为大清王朝的第二政治中心。考虑到清帝园居的时间普遍超过住在紫禁城的日子，圆明园中相关殿宇的使用频率也比紫禁城中的同类殿宇更高。”《清会典》载：“皇帝驻跸则听政焉，遇驻跸圆明园，凡召对群臣，引见庶僚，均于勤政亲贤殿。”

营造于自然和园林中的建筑群，比起规制森严的紫禁城，显然多了更多的自由和情趣。虽然位于整个景区的西侧的勤政殿保持了“四进三殿”的空间秩序，整个

“勤政亲贤”的建筑群仍然分为西、中、东三路，但总体上，以勤政殿为中心的西路成为整个圆明园理政的核心建筑群。同时，圆明园宫门区还设有庞大的官员办公机构。

除此之外，皇帝驻跸期间，太后、皇后、嫔妃、皇子等皇室成员也会随同于圆明园内一起居住。这些随同人员分别居住于圆明园内不同的寝宫区。其中，“九州清晏”为皇帝和皇后、嫔妃的生活区，“长春仙馆”为皇子和太后的生活区，“洞天深处”为皇子的生活与读书区。王致诚曾对“九州清晏”景区有过细致的描绘：

皇帝起居之所，临近宫苑正门，前有正殿，其后为朝寝，再后则是庭院和园林。内宫整体上就是一座岛屿，周围被既宽且深的护城河环绕。这是一种类似“塞拉利奥”的建筑。在不同的居所之内，您可看到所有能想像到的最美好的东西，（我指的是那些具有浓郁中国风情的各种东西），家具、陈设、绘画，名贵的木器，中国和日本的漆器，古瓷花瓶，绫罗绸缎，黄金白银，不胜枚举。这些珍品汇集于此，极尽华美，可谓天然物产与人工巧思并萃杂陈。

圆明园内皇室的行宫除了各种大小规模迥异的宫

殿，在更大范围内，则是通过人工堆掇形成的假山、沟壑、溪流、瀑布以及湖泊等组成的园林景观。这些园林景观占据了景区内的大部分区域，构成并塑造着园内的景致。

宫苑着实迷人。它占地甚广，堆山造势，高度从二十英尺至六十英尺不等，其间沟壑纵横，不计其数。

山脚之下，清泉潺潺奔流不息，汇流形成较大的水面和湖泊。

人们通过游船在不同的景致之间徜徉。中国园林一个重要的鉴赏原则——移步换景，在这种动态的游赏过程中得到很好的呈现：各种景观要素被精心设计，也通过处于不同视点、不同距离的观赏，加之人对风景文化内涵的沉思和引申，而使人沉浸在园林风景之中，获得美的享受。有时候，仅仅是乘坐游船穿过这些风景，便已妙不可言：

他们乘坐华丽的舟船，穿行于这些溪流、湖泊与河流。我就曾见过一艘七十八英尺长、二十四英尺宽的游船，船上修造着一座堂皇气派的宫室。每处山谷中皆有临岸屋宇，具备协调、各臻其妙；有庭院、敞廊、暗廊、花圃、泉瀑之属，至此而全胜一览，足称美景也。

更多时候，在不同的景区之间行游漫步，身临其境地穿越这些景观时，感觉非常近的小溪、泉瀑，循声而去之时，却消失于山谷背后的林木之间：似乎这涧流来自更遥远的地方，亦不知其流向何方。王致诚在写信之时，必定已多次在其中游历，并注意到了这与欧洲整饬的古典主义园林的显著差异。他继续写到：

自山谷出，往赴他谷，不若欧陆林荫宽道平直，而是以曲折迂回之小径通之，并有小巧亭台、叠石假山石洞点缀于曲径侧旁。每一处谷涧境皆独辟，或因地制宜，或随建筑形制而迥异。

……

在这些溪流之上，总有铺着小石子的散步小径行于山谷之间。这些路径，或近水岸，或稍远离之，皆具自由蜿蜒之意。

论及遍植林木的山丘，以自然的材料和形态组织的园林景观，也与王致诚在欧洲所见的园林有着天壤之别。这种顺乎自然的园林风景，令王致诚印象深刻：

逶迤伸展的山丘之上遍植林木，尤以开花树木为多，皆为常见的品种。无论运河之驳岸，还是涧流之侧旁，均不用光滑的石材饰面，亦非呈直线形态（一如我们欧洲园林所为），而是以不同大小的天然岩石堆叠出岸线，或前凸或后退，犬牙交错，饶具野趣。众多艺术品散置其间，颇有匠心，宛若天成。在一些区域，水面相当辽阔，另一些则狭窄如蛇行；此处蜿蜒折曲，彼处漫游铺展，好似被山与石挤迫推进而成。水岸上遍植花草，甚至岩隙间也花草葱茏，好像它们早就在那里自然生长一般。花草品种丰富，且随时令与季节而易，变化多姿。

……

每个山谷入口，皆布置有屋宇。正面柱廊周匝，柱间有窗。凡间架木构均鎏金、彩绘，或施以清漆。屋顶覆瓦，色彩纷呈：红、黄、蓝、绿、紫，各按一定比例法式，间杂铺设，形成丰富而协调的变化层次。

几乎所有屋宇皆仅一层，屋基自地面起，屋高二至八英尺。若要拾级而上，登堂入室，并没有规整的石阶，取而代之的是一组粗犷的堆石，层层叠叠，虽由人作，宛自天开。

宫室之内完美诠释了何为华丽，不仅布局合理，家俬与陈设亦皆典雅珍贵。庭院廊庑之间，你会见到插满鲜花的黄铜花瓶、瓷花瓶和大理石花瓶：阶前陈列的，不是裸体雕像，而是若干瑞兽神像；在大理石台基上，摆着焚香之鼎。

这些与欧洲迥异其趣的园林、建筑、景致，对王致诚及其他传教士而言，是如此震撼，也深深地吸引了他们。而同时他们也带来了令皇帝好奇与着迷的西方园林景致。

蒋友仁、汤执中与韩国英

一日，乾隆皇帝在观赏传教士们进呈的欧洲铜版画时，忽然对画中的喷泉产生了兴趣，一如他的父亲雍正皇帝一样。1723 年 6 月，马国贤就曾在日记[①]中记载了新继位的雍正皇帝打算修造喷泉的事：

陛下想到了要建一座永不停歇的喷泉，下旨来问我们当中谁能够设计。一个法国人说他有两个新来的同胞

① 本书中马国贤的著论均引自《清廷十三年：马国贤在华回忆录》，李天纲译，上海：上海古籍出版社，2013。

能够从事这项工作。安吉洛神父通过我的翻译，毫不迟疑地表示他也能完全胜任这个任务。其他人则宣布他们对这个事情一无所知。

但是事情的进展并不顺利，由于喷泉本身，在耶稣会士们看来，除了装饰并无太多的内涵；而到了佛教徒那里，竟然比附出了“承继国运”的意义。这使得马国贤在“礼仪之争”的漩涡中为难至极，他马上要求安吉洛神甫停止喷泉的设计工作，可安神甫却认为，这是马国贤妒忌他的才能，在阻挠他接近皇帝。马国贤甚至认为“朝官们察觉出他想取悦于皇上，而我却反对。于是严厉地责备了我，置我于冒犯陛下的意愿和兴致的不利位置。”他后来又写到：

当我得知这位迷信的皇帝要想建造的喷泉有他自己的一个初衷时，安吉洛神父已经开始了设计，并把它呈送给皇帝。陛下曾经问过某一个被认为握有神法魔力的僧侣，他的王朝如何才能永不衰败，僧侣回答说：建造一座喷泉，让水流从龙的口中永不停息地流出，王朝就能永垂不朽。给我提供这个消息的人们认为，鼓励这样的异教迷信是错误的，他们一致认定不能干这样的事。我问了一些发布这项预订的朝官，皇帝的目的到底是什么。他们回答说：不过就是让他自己高兴而已。然而因为对他的迷信意图十分了解，我认为有责任阻止安吉洛神甫从事这项工作，为了避免得罪皇帝，还特别需要有礼貌的借口和合适的做法。随后，我把想法告诉安吉洛神甫，但是却发现让他接受我的想法非常困难。

尽管这喷泉是由传教士们的绘画引起的，但是，却被佛教僧侣按照传统的风水观念解释为对“王朝永续”的支持。在不同宗教信仰之间有关的“迷信”的争执中，喷泉的寓意却被好奇的皇帝认可了，这不能不说是一桩有趣的事。

这事件的发生，对于笃信基督教义的马国贤而言，不啻为荒诞不经的“迷信”，他是无论如何也接受不了喷泉被用于对“国运”的风水阐释的。这事也给马国贤带来了麻烦，使他卷入传教士与清廷国师之间关于“迷信”与“教义”的直接的冲突中，也对他内心产生了困扰，但最终，未等喷泉修造，随着马国贤返回欧洲，雍正皇帝不久也突然去世，在圆明园喷泉的修建计划被无限期搁置了。

乾隆皇帝和他身边的传教士们显然对宗教方面的教义礼仪冲突不那么在意。一方面，自雍正元年开始的教禁使传教士们的活动范围基本上被局限于宫廷之内，教理教义方面的讨论也被禁止于宫廷范围，并未产生广泛的影响；另一方面，传教士们在接近皇帝以达到传教目的的过程中，更多地是使用个人技艺而非教义的感召。因此，在传教活动面临行动受限和观念诋毁时，以个人技艺长期服务皇帝以获取与皇帝沟通交流的机会，成为马国贤之后如郎世宁、王致诚、蒋友仁等人的主要选择。

乾隆二十一年（1756 年），太监胡世杰传旨："长春园谐奇趣东边，命郎世宁起草一处西洋花园稿样，准时交工程处建造。"郎世宁当日便设计了一张小稿进呈给皇上，乾隆皇帝即命："照样准造"。这样的旨意，其实自乾隆十二年（1747 年）开始就变得颇为频繁。乾隆皇帝要兴建一座西洋花园的想法，与其对宫廷中传教士们的技艺认识，有着密切的联系。

蒋友仁便是由众位传教士力推而成为西洋花园的设计者的。古伯察在《基督教在中国》中记述："供奉内廷诸耶稣会士任务之勤者，莫有逾于友仁者也。乾隆皇帝任之三十年，无事不命其为之。友仁甫抵京时，即勉为其预料所不及事。某日帝阅画，见喷泉，召郎世宁修士循其理，并遣之在京内觅能治喷泉之西士。世宁奏请立赴教堂访之。内监一人随世宁赴堂传帝谕。诸传教士聆谕，皆瞩目于友仁。"①

① 古伯察《基督教在中国》，九三，九四页。《传教信札》，卷Ⅳ，二二六页。

然而，正如郎世宁并不熟悉喷泉的建造技术和机械原理，对于熟知天文、地理、数学的蒋友仁而言，并不是所有的技艺都通晓，尤其是建筑和喷泉这样对专业化要求甚高的工程技术专门知识，这位供职宫廷的西方传教士显然面临着很大的挑战。

钱德明神甫便曾抱怨，清代宫廷以为西方传教士应该什么都通晓，所有关于西方的一切知识，都应该在传教士这里找到答案。他曾在书信中这样写道："供奉内廷之西士，凡事皆应知之。内库中如有何种机械、何种器物、何种矿石、何种药材，不知其名而不识其用者，必循之吾辈。如有外国进异物而无人能识，亦必询之吾辈，似供奉内廷之法兰西人和欧罗巴人，备知国外一切异物者也。"①

但是，对于传教士而言，就像二十多年前马国贤在得知皇帝想建造喷泉是接近皇帝的绝佳机会那样，在北京的传教士们也认为这是一个非常好的能够接近清朝皇帝并获得传教的契机。经过大家的一致推举，蒋友仁应选而进入内廷。从一个天文学家变而称为"喷水匠"，蒋友仁怎么也没有想到，当年在巴黎南希修院所研习的数学、天文、物理知识，还有少量的水利机械知识，竟在此时尽得其用。

① 《传教信札》，卷Ⅳ，五六页。

经过设计实验，并与中国工匠进行了若干实验之后，蒋友仁设计的喷泉竟完全成功，于是，蒋友仁颇得乾隆皇帝与朝廷权贵们的欢心，其后不久，便有了乾隆皇帝建造长春园西洋花园的任务。

参与西洋花园设计和建造的，并非蒋友仁一人，这座花园荟集了传教士们的集体智慧和中国匠师的能工巧技。除郎世宁、蒋友仁和王致诚之外，同为耶稣会士的汤执中和韩国英也在其列，他们在西洋花园内的园林植物栽植方面，发挥了重要的作用。

汤执中（Pierre Nicalas d'Incarville，1706—1757），法国耶稣会传教士。1706 年出生于鲁昂或卢韦埃。二十岁时在法兰西教区入教后被派往加拿大魁北克居住九年之久，在那里教授古典学和修辞学。回到法国后，汤执中便申请赴中国，于 1740 年 1 月 19 日从法国出发，同年 10 月 10 日抵达中国。此时，王致诚刚刚到达中国两年。汤执中自此便一直在清廷服务，直至在北京去世。史籍载，汤执中“终其身居京师，惟其行迹未详。嘉类思神甫仅云其病殁前三年，皇帝扩张园圃时，曾献花子及菜子，获入内庭，似得宠眷，缘其殁后，皇帝颁赐葬银也。”①

① 《传教信札》，卷Ⅳ，八四页。

作为法国科学院通讯院士，有记录显示，汤执中在北京共采集了149种植物，更为重要的是，他认真研究并绘制了中国的动植物图谱凡72页，并向身在法国的安托尼（Antoine de Jussieu）和贝尔纳·朱西厄（Bernard de Jussieu）兄弟，寄赠了大量中国植物的种子。朱西厄遂将这些植物种子加以培育，并在欧洲广泛种植，如翠菊和臭椿，都是汤执中引进到欧洲的中国产植物品种。

今日人尽熟识之翠菊（reine-marguerite）种子初入欧洲，盖在1748年顷，由执中寄来。寄给其友安托万·朱西厄（Antoine de Jussieu）……种其子于王室花园……生单瓣白花……次年间生若干红花……得紫花。至1750年得复瓣各色花。①

另外，据布雷特施奈德尔（Bretschneider）医生《欧洲人最初对中国植物的研究》（一八八一年上海刻本，凡一百二十页）称，汤执中也曾在1743年将香椿（*Cedrela Sinensis*）、椒（*Xanthoxylum Avicennae*）、丁香（*Syringa Vilosa*）、荷包牡丹（*Dicentra* 或 *Fumaria*

① 格鲁贤《中华帝国概述》，卷三，一二九至一三一页。

spectabilis）等标本寄赠贝尔纳·朱西厄。甚至有一种植物还是取汤执中的名字命名以作纪念，就是马先蒿（又称角蒿，*Incarvillea Sinensis*）。①

另一位在圆明园西洋花园的营造中有过贡献的耶稣会传教士是韩国英（Pierre-Martial Cibot，1727—1780）。韩国英亦为法国人，1758年自法国来华，1760年抵达北京。史籍载“其人多才，通文学，对于一切科学皆有禀赋，兼具热心。故凡有所为莫不成就，若天文，若机械，若地理历史之研究，举凡有裨于联络保教之人之学识，悉乐为之。”② 韩国英曾屡次致函欧洲记述其参与圆明园营造的经历。1746年11月7日，韩国英在信中写道：“国英在御园制作一庞大水力时计，附有喷水、鸟声，活动形象，历时四年始成。”1767年11月22日，他信中又写道：“余在中国离宫御园之中，前为喷水匠与机匠凡五年。自皇帝建立武功以后，又成为园艺师与花匠。”

为博得欧洲友人的欣赏，韩国英也曾如汤执中一样，将不少植物及其性质功用一一叙述，绘制图谱，列举汉名寄回巴黎。也曾因为参与圆明园的营造，写出了

① 朱西厄《植物志》，一三八页。
② 《传教信札》，卷Ⅳ，二八四页。

很多关于中国园林和植物学的著作，其中《说娱乐园林》《说若干种中国植物》等，亦如王致诚、汤执中等人的著作一样，在欧洲产生了影响。

然而，无论蒋友仁、汤执中还是韩国英，这些耶稣会传教士得以进入并理解中国园林，几乎都是因为其特殊的园林营造技艺，就像郎世宁和王致诚以绘画技艺而得到乾隆皇帝的赏识而进入宫廷供职一样。他们共同与中国画师和工匠一起，参与了圆明园的营造，其中，这几位传教士都参与的园林营造活动，便是圆明园西洋花园的设计。

西洋花园

正是由于西方传教士在绘画、喷泉营造等方面的能力引发了乾隆皇帝对他们所阐述和描绘的西洋喷泉及建筑的好奇，为追求这方面的乐趣，遂决定毗邻圆明园东北角外的长春园北界，营造一区欧式园林建筑。这便是现今俗称“西洋楼”的景区（图 15)。景区平面呈狭长的 T 字形，其中包含谐奇趣、万花阵、养雀笼、方外观、海晏堂、远瀛观、大水法、观水法、线法山、线法墙等十余个建筑和庭园。

王致诚来华之前，所见的欧洲庭园，正值巴洛克时期，在法国则盛行古典主义的“勒诺特风格（Le Notre style）”。这种风格的园林，布局强调严整对称，园林中的植物被修剪成几何的形体，植物布置用以图章为主题的模纹花坛和花境，以便呈现完整对称的几何形式，其中建筑更是采用严格的中轴对称均衡的布局加以建造。可以说，这种完全程式化的设计，在凡尔赛宫苑的建设中达到高潮。

凡尔赛宫苑是法国皇室的园林，始建于十七世纪上半叶。1624 年，法国国王路易十三以一万里弗尔的价格买下了原为森林和沼泽的一百十七法亩的荒地，并在此处修建了一座二层的红砖楼房，作为他狩猎的行宫。这栋二层小楼的行宫拥有二十六个房间，包括了国王办公室、寝室、接见室、藏衣室、随从人员卧室等房间，一层为家具储藏室和兵器库。小楼之外，仅仅做了一些环境修整，并未有园林营造。

凡尔赛宫真正营建于路易十四（1643—1715）时代。自诩为“太阳王”的路易十四在位期间加强了专制统治，强化中央集权并发动了两次战争。由于妒忌财政大臣维康的府邸花园，“太阳王”决定在凡尔赛宫苑基础上新建一座宫苑。全新的宫苑于 1661 年动土，1689 年竣工，历时近三十年方才完成。全宫占地一百十一万平方米，其中建筑面积为十一万平方米，园林面积一百万平方米。

凡尔赛宫作为法兰西宫庭长达一百零七年（1682—1789）。宫殿建筑气势磅礴，位于整个园区中轴线的一端，正殿呈东西走向，两端与南宫和北宫相衔接，如今拥有两千三百个房间，六十七个楼梯和五千两百多件家具。正殿沿轴线可俯瞰全园景观，建筑布局严整、景观协调有序，形成轴线两侧几乎对称的几何图案。

凡尔赛宫苑内，凡尔赛宫正殿为轴线起点，全园以“轴线式”进行布局设计，将建筑统筹到全园的景观布局之中。全园主体景观结构中，平坦的地形上做了很多微地形的处理，形成相对丰富的游园观景点，同时应用了大量水渠和运河等静态水景将各个游览点串联起来。这些像镜面一样的规则式水面使全园增加了一种辽阔、深远的气势。从正殿远望，仿佛这宫苑花园将伸展至无限的远方。

凡尔赛宫苑的设计，深深地影响了法国乃至欧洲十八世纪的园林设计。那种整饬划一的几何形态、严肃对称的景观布局、丰富多样的植物栽植，更是令年轻的传教士们印象深刻。在没有见到中国传统园林之前，这似乎就是他们认为的世界秩序：对称而富有逻辑的规划、庄严而统领轴线的宫殿、平静如镜且无限延展的水面景观……都将人世间的园林赋予了至上君权的神圣意义。

在参与西洋楼景区的建设时，这些关于凡尔赛宫的印象必然成为传教士们进行设计的范本。可是，整个基地在圆明园中所占比重实在太小了，仅有东西向展开的狭长用地。作为迎合皇帝趣味的“微缩景区”，要想在如此小的面积上展开如凡尔赛宫那样的景象实在太困难了。西洋楼景区的设计只能在东西方向上铺陈出一个他们认为的“西洋景”。

西洋楼及其花园于乾隆十二年（1747 年）开始筹划，至乾隆二十四年（1759 年）基本建成。其中建筑和大量的喷泉、雕塑、植物由供职于宫廷的欧洲传教士朗世宁、王致诚、蒋友仁等与中国匠师合作设计完成，主要为欧洲十八世纪巴洛克与洛可可建筑风格，在造园和建筑装饰方面也兼采中国传统建筑手法。西洋楼的主体，其实就是人工喷泉，时称“水法”。建筑材料多用汉白玉石，石面精雕细刻，屋顶覆琉璃瓦。特点是数量多、气势大、构思奇恃。景区内主要形成谐奇趣、海晏堂和大水法三处大型喷泉群。圆明园内的西洋楼景区，是中国皇家园林中首次大规模仿建西方建筑与园林的重要实例。

首先建成的“谐奇趣”（图 16）位于西洋楼景区最

西部南侧，毗邻“方壶胜境”和“涵虚朗鉴”，以三层水法殿为主楼，左右以弧形游廊连接两座八角亭，楼前辟有海棠形喷泉水池。其北为“万花阵”，仿欧洲园林中的迷宫，以砖墙分隔成复杂的路径，中央建有一座西式穹顶八角亭。

东侧的“养雀笼”，实际是一座西式穿堂门，门内库房中，豢养孔雀等各种观赏鸟类。再向东，是一座名叫“方外观”两层小楼，入口室外两侧设弧形楼梯直通二楼，室内设置刻有阿拉伯文字的石碑，传说是乾隆帝所宠爱的维吾尔族香妃的礼拜场所。其对面建有五座竹亭。

“方外观”东侧的“海晏堂”是西洋楼组群中规模最大的一组建筑，西部为十一间“水法楼”，东部为“蓄水楼”，同时在西面设大型喷泉水池，池岸两侧树立十二生肖铜首座像，按十二时辰顺序依次喷水。

中央位置沿南北中轴线设“观水法”“大水法”和“远瀛观”三处景观，其中“观水法”是一座石屏风，面北背南，前设宝座，供清帝在此欣赏喷泉。“大水法”（图 17）依托一座巨大的西洋石龛，前设椭圆形水池，池中的梅花鹿和池边的铜兽可一起喷水，左右另有两座十三层的喷水塔，水花四溅，蔚为壮观。“远瀛观”采用倒“凹”字形平面，面宽十一间，梁柱拱券雕饰精美，中央圆券中刻有时钟图案。

“大水法”东侧的“线法山”（图 18）是一个圆形的土台，以黄绿琉璃矮墙围合出盘山小道，可供清帝骑马登山。东西两侧各建一门，其中东门俗称“螺狮牌楼”，造型很复杂，上刻军旗、盔甲、刀剑。东端的“方河”，是一个长方形的水池，其东岸南北对称树立七道石墙，成“八”字形，墙上悬挂西洋油画，称“线法画”，具有深远的透视感，成为一道特殊的布景。

西洋楼景区建筑群密集分布，以集锦方式展示了各种欧式楼、阁、亭、台、喷泉等建筑形象，植物也如西欧园林般栽植有序、修剪整齐，与中国传统园林风貌迥异，反映了清代帝王对西方文明的猎奇心理。整个景区占地面积不超过圆明三园总占地面积的百分之二，是以一个很小的局部来成片仿建欧式园林的一次成功尝试。艺术成就虽然有限，却是十八世纪中西方文化交流的重要例证。

乾隆皇帝也有他的考虑，虽然驻跸理政是皇帝在圆明园中非常重要的活动，但东北隅那狭长地带上由西洋传教士们设计的西洋花园内的大水法，是如此精巧，令人流连。皇帝甚至还曾为了陈设法王路易十六所赠挂毯，而将建成的“远瀛观”进行改造——此处之前还曾作为皇帝宠妃“香妃”的住所。当皇帝带他的后妃们逐一穿过充满异国情调的西洋楼，抵达最后一个方池景区，隔着平静如镜的池面，池水中倒映出对岸不远处的线法墙，看着那上面所悬挂的通景画“阿克苏伊斯兰教建筑十景”无限延伸至远方时，不知是否也会感觉到法王路易十四无限的追求和向往。

线画法与通景画

长春园西洋楼景区的建筑群，主要体现了当时盛于欧陆的巴洛克和洛可可风格。由于主要的设计师来自法国，建筑主体亦采用并参考了法国古典主义建筑风格，同时也融合了中国传统建筑的某些特征，其建筑内部的装饰也是如此。巴洛克和洛可可风格是欧洲文艺复兴之后先后兴起于意大利，进而传布欧洲的两种艺术风格。这两种风格可说是基督教保守主义和文艺复兴科学发展的奇妙融合。

一方面，这种表现形式是对新教毁坏教堂艺术品的反传统行为做出的回应；另一方面，在引入最新的数学进入建筑和绘画艺术领域上，巴洛克艺术起到了非常重要的作用。巴洛克建筑师和画家们，用一种包含情感又撼动人心的方式，大量采用透视技法和曲线设计，来表达他们对神圣宗教形象的热忱，试图以此激发欧洲本土的宗教信仰，并在对外传教的过程中，以这种夸张的、趋于逼真的艺术表现技法吸引信众。到了洛可可风格时期，这种夸张的表现达到了逼真震撼和繁琐无比的境地，也催生出人们回归传统秩序的趋向。在巴洛克和洛可可风格的演变过程中，透视技法的运用和对空间的戏剧性强化，往往是其重要特征。

西洋绘画中的透视图，一般都采用焦点透视法，尤其在绘制建筑外景和室内陈设时运用此法尤为严格。意大利文艺复兴巨匠之一的莱昂纳多·达·芬奇，称透视图做法为“线透视”。文艺复兴时期，画家们研究并在画布上表现物体在不同距离处的大小时探索出了这种制图技法。

透视图的一般画法，是在画布上设置视平线，将现实物体上的平行线条，都按一定的走向和规律汇集于画面上或画面以外的某点（透视学上所称的“灭点”），精确地绘制于画面之上，以达到真实再现现实的目的。在作画起稿的过程中，为使焦点透视准确无误，需要在画面上画出线条，或用线拉出线条来，并指向确定的“灭点”。因为作画时这一特点，所以被称为“线画法”。直到现在，人们在绘制建筑物透视图时仍采用这种方法。可以肯定地说，清宫活计档中多次提到的“线画法”，就是西洋绘画中的焦点透视图。

西方传教士们将“线画法”带到中国后，就把这种画法传授给一些中国的宫廷画家，这些中外画家所画的线画法作品大部分作为殿堂回廊等的装饰用，利用画面的透视效果来扩大建筑的空间感和深远感，这一画种在宫廷中始于清朝康熙、雍正时，至乾隆年间达到高潮，后延续至清末的光绪朝。

在来中国传教的耶稣会士中，聂云龙（Giovanni Gherardini，1655—1723）便是较早采用透视技法绘制教堂壁画的艺术家。他曾在博洛尼亚的绘画技法学院受训，继而为耶稣会巴黎总会绘制了精美的壁画。可能正是这个原因，1699 年，他被白晋神父（Joachim Bouvet，1656—1730）带到中国，并在北堂——一座康熙皇帝特准传教士们在北京修造的全新教堂——建造中负责了大量壁画、天花板和穹顶的绘制工作。

这些壁画运用的透视技法，直接模仿了耶稣会士画家安德里亚·波佐（Andrea Pozzi，1642—1709 年）在罗马圣依纳爵教堂（Saint Ignatius，Rome）天顶上的作品而绘制。聂云龙还教授透视学技法和油画给他的中国学生，但他并不喜欢北京严苛的宗教生活，只在中国生活了五年后便于 1704 年返回法国。在马国贤 1715 年的日记中，曾记载了他宫廷内府的学生们在用明矾处理过的高丽纸上绘制油画风景的事。

南怀仁也曾在宫廷内向康熙皇帝展示透视技法，并把这项技法教授给宫廷画院的中国画师们。因皇帝深受其吸引，促使耶稣会士们下决心将波佐使用透视技法的名作《画家和建筑师的透视学》（罗马，1698年）改编成中国的版本。郎世宁来华前夕，他有可能目睹了波佐所画的教堂天顶画，并且钻研过波佐的那本专门讲述透视学的著作。

英国美术史家苏立文（Michael Sullivan）指出："该书于1698年（康熙三十七年）在罗马发行后，仅一两年就被送到了中国。"① 郎世宁承担了这个工作，与他合作完成编译工作的中国人，名叫年希尧，翻译后的这本书则名叫《视学》(图20)。

余曩岁即留心视学，尝任智殚思究未得其端绪。迨后获与泰西郎学士数相唔对，即能以西法作中土绘事。

年希尧在《视学》的序言中讲述了他与郎世宁共同编译此书的经过。年希尧生于一个官宦世家，祖上曾是明朝的六朝名臣年富（严富）；父亲一等公年遐龄，官

① 苏立文．明清时期中国人对西方艺术的反应//东西交流论谭[M]．莫小也，译．上海：上海文艺出版社，1998.

至湖广巡抚；弟弟年羹尧亦曾封一等公、川陕总督，是清代有名的儒将。年希尧历清代康、雍、乾三朝，一生为官。康熙时从笔帖式累至安徽布政使，雍正登基，妹妹被选为雍正帝的敦肃皇贵妃，年希尧升为广东巡抚。此后却因年羹尧案被罢官抄家。后经过一年左右，年希尧又重新被起任，先后担任过工部右侍郎、景德镇督陶官、内务府总管、管理淮安板闸关税务等职务。后又于乾隆朝初年因“玩物耽安”被新登基的乾隆皇帝罢官。乾隆三年（1739 年）病逝。

虽年希尧一生宦海沉浮，但他的精力却并未完全放在做官上，而是关注在他喜欢的西学上面。《视学》初刻于雍正七年（1729 年），不久他认为首版“终不免于肤浅”，于雍正十三年（1735 年）再版，补五十多幅图，并佐以解说。在《视学》自序中，年希尧详细说明了“定点引线之法”的妙处：

始以定点引线之法，贻余能尽物类之变态，一得定位，则蝉联而生，虽毫乎分秒，不能互置。然后物之尖斜平直，规圆矩方，行笔不离乎纸，而其四周全体，一若空悬中央，面面可见。至于天光遥临日色傍射，以及灯烛之辉暎，远近大小随形成影，曲折隐显，莫不如意。

《视学》图文并茂，阐述透视原理，介绍了透视学中的基本课题，包括技法方面的量点法和截距法；透视角度方面的平行透视和成角透视；视平线位置方面的仰望透视法，以及轴测图上中心光源阴影的处理等。在图例方面，年氏对一般立体图形均用二视图表示尺寸及形状，再作底面次透视图，决定各特征点之高，最后才把整体透视图画出来。书中所用术语，有的至今沿用不废，如“地平线”“视平线”等。

此后1799年法国数学家，被誉为画法几何学奠基人的蒙日（Gaspard Monge，1746—1818）才出版了《画法几何学》，《视学》比蒙日的著作早六十多年。《视学》原刻书的其中之一现存于英国皇家学院。国内仅存两部再版本。一位在中国供职的法国传教士曾经在给皇家科学院秘书长的信上这样评价年希尧：“他既非文人又非学者，如果他得知欧洲的学者们引为同侪……定会大吃一惊。”

年希尧所称的“定点引线之法”是“西法作中土绘事”的技艺，即“线法”或“线画法”。这一名称最早出现在清代内务府“各作成做活计档清档”中，另外亦见于清人的笔记。清内务府档案中的记载举例如下：

十月初五日，接得库掌德魁押帖一件，内开本月初三日太监胡世杰传旨：瀛台宝月楼着郎世宁等画眉月轩，画西洋式壁子，隔断线画法一样画。钦此。（乾隆二十三年各做成做活计清档）

正月二十四日，接得郎中李文照押帖，内开正月十一日太监胡世杰传旨：延春阁西门殿内宝座两边、北门内西墙，着王幼学画线画法二张。钦此。（乾隆三十五年各做成做活计清档）

五月十六日，接得郎中李文照押帖一件，内开本月十一日太监胡世杰传旨：养心殿内南墙线法画一份，着艾启蒙等改正线法，另用白绢画一份。钦此。（乾隆三十六年各做成做活计清档）

初九日接得员外郎安太李文照押帖一件，内开四月二十五日太监荣世泰传旨：接秀山房澄练楼楼下南间南墙，着郎世宁画御容方琮补景绢画一幅。南间东墙着王致诚、王幼学等画线法绢画一幅。北间北墙着姚文瀚、陆遵书画九峰园图绢画一幅。钦此。

二月二十三日，接得郎中德魁等押帖一件，内开本月十四日首领董五经传旨：秀清村顺山殿北面西墙，着如意馆画通景线法画一幅。钦此。（乾隆三十九六年各做成做活计清档）

在清宫档案的记载中，线画法最常用于通景画中。通景画，是“帖落画”的一种，先在画布上作画，然后再贴在墙上，可以贴上落下，因此称为“帖落画”。“帖落画”在宫廷建筑室内装饰中经常使用，养心殿西暖阁三希堂、宁寿宫花园倦勤斋（图 19）、长春宫四周回廊墙壁等处都使用这种方式装饰房间。通景画不仅具有装饰作用，还因为透视图特有的视觉效果，扩大了室内空间感，使人们产生空间延展的视错觉。

紫禁城东北部宁寿宫花园最北端的“倦勤斋九间”内部壁画，是目前存留的清代建筑非常重要的通景画代表作。倦勤斋九间，位于宁寿宫西区宁寿宫花园内，与此区各建筑工程同时修造。乾隆三十八年（1773 年）与宁寿宫后路及西路同时建成。建筑外部工程完工后，开始内部装修和木隔断装修，于乾隆三十九年（1774 年）完成。墙面的帖落画和通景画，亦于乾隆三十九年（1774 年）完成，开始交于内务府如意馆画家绘制。东间各房的帖落画，则是“如意馆”画家和宫中大臣们如徐扬、杨大章、顾全、贾全等共同绘制的。据乾隆四十年、四十三年内务府活计档所载，乾隆三十九年开始绘制西间的“四面墙、柱子、棚顶、坎墙等”处的通景画，包括两面墙和顶棚的大面积通景画，直到宁寿宫全宫建成时，还没有完成。直到乾隆四十四年（1779

年），倦勤斋的各项通景画在历时近六年之后，方才全部完工。

故宫西六宫之一的长春宫四周回廊的墙壁上，可以看到一组清代晚期的线画法，这是一套以小说红楼梦为题材的人物故事画，用油彩直接画在墙上。画上并无作画者的名款，但采用了西洋绘画透视法，使狭小的走廊扩大了空间，加强了走廊的深远程度，给人以沿走廊似可步入画面之感，实为晚期清宫通景画的代表作品。

这些仅存不多的通景画，让我们看到了一个神奇的空间在平面墙壁上引人入胜的奇巧，而在这些通景画出现之前，圆明园宏伟的园林之内，某个线法墙上，或者某个房间的墙壁上，某个游廊的隔断上，都曾留下郎世宁、王致诚们正在为了完成通景画辛劳的身影。

谐奇趣、水法建筑群及其他

钱德明神父于 1769 年 3 月 1 日，从北京致多尔的耶稣会士王致诚的侄子克罗、德-弗朗索瓦·阿提赖的一封书简中，讲到王致诚为西洋楼中的第一个宫殿谐奇趣所做的装饰。钱德明写道：

其他四幅画代表着四季。我们可以结束这份名表了……夏天可以使人看到荷花部分覆盖的池塘，其中有许多荷花都已绽开，有的含苞待放，余者则仅仅显露出了荷叶的绿色。在湖泊中间有一只小船，船上乘坐一贵夫人及其二仆。贵夫人坐在那里，其中一女仆献给她一朵自己刚刚采摘下来的荷花，另一仆人以一支桨以中国的方式向前划，这就是说她用力使桨接触湖底地往前划。①

就在钱德明神父写这封信几个月前的1768年12月8日，王致诚才刚刚去世，他参与圆明园的建设将近完成。从乾隆十二年开始建造长春园西洋楼景区以来，谐奇趣是西洋楼景区中最早建成的建筑。主楼建于汉白玉高台之上，上下两层，上层三楹，下层七楹，楼前有月形台阶直通二楼，两旁有玉石盘旋石凳各十余阶，上覆以西洋雕刻的玉石栏杆，异常华美。主楼上层平面正中及楼门左右，有生动的西洋石狮子两座，主体建筑石柱皆为汉白玉，上下楼窗券口则用砖石细刻花纹，楼墙覆嵌五色琉璃花砖，墙身抹成粉红色。楼顶为庑殿式，窑紫圆光琉璃瓦，中脊与四垂脊用蓝色琉璃番草。楼前两侧有八角五色亭楼，为奏乐之用。正楼两侧山墙上设有

① 引自裴化行所著《1765—1786年由传教士从中国寄往法国的物品目录，以及为乾隆（1739—1768年）服务的王致诚修士》。

角门，出门有月形抄手游廊，左右各五楹，亦为西洋式样。由二楼可至亭楼内，互通往来。

谐奇趣楼前有巨大海棠式喷水池，池中间有西洋翻尾大石鱼，鱼嘴上翻，有水自鱼口内喷出，水高五丈有余。环池设有铜燕十八只，水由燕喙喷出，喷作曲线形。沿池边有四只铜羊，也向池中喷水。此外东、西各有小型喷水池一座，楼下石券内有小喷水池，池南有湖，石栏相围。向西便是线法桥，亦为西洋楼景区西南界。桥五孔拱券式，每券上刻有兽面，水由口内喷出注于湖内。桥上有西洋座钟形假门一座，上嵌巨大时辰表一具，桥下有闸五道，控制由"方壶胜境"引入的水流，水入长春园内，经谐奇趣往南再拆流分散入全园之内。

在郎世宁、蒋友仁和王致诚完成了最初的设计后，后续的装饰工作几乎是同时展开的，大量建成或正在建设的宫殿墙壁上，需要用各种艺术品来装饰：通景画、美人图、战功图、风景画、静物画……他们几乎没有任何的时间再做其他事情。清内务府档案在乾隆十五年十一月记录道：

于本月二十日，王致诚王幼学起得通景稿，太监卢成持去交太监胡士杰呈览，奉旨照样准画。钦此。（二〇六）

二十二日，副催总佛保持来员外郎郎正培库掌瑞保押帖一件，内开为本月十七日太监胡士杰传旨：静宜园楼云楼松坞云庄殿内西进间南板墙上，着王致诚王幼学起通景画稿呈览。钦此。（二〇六）

而到了十年后的乾隆二十六年，王致诚仍在奉旨绘制谐奇趣楼上的装饰画：

十六日，接得员外郎安泰德魁押帖一件，内开本月十五日太监胡士杰传旨：谐奇趣楼上西平台九屏峰背后画堂，着画西洋油画水画厄鲁浔回子，俱着王致诚起稿柏磨阿等画。钦此。（三三六）

近十年的时间，不仅要完成大殿通景画，从画稿承揽、起草稿、准样绘制等工作，还要与不同的艺术家互相协调，这便是王致诚的日常工作。这些绘画工作占据了王致诚大量的时间，以至于他将经历的圆明园各处美景画出来的愿望竟一直未能实现。

与“谐奇趣”同时建造的，还有“蓄水楼”“养雀笼”和“万花阵”。蓄水楼位于谐奇趣以北西侧，专供谐奇趣南北两面喷泉喷水之用，高两层。养雀笼正对蓄水楼，在谐奇趣以北东侧，呈对称布局。两者之间，自谐奇趣南北轴线延伸正对万花阵。此区俨然有欧洲古典主义庭园的风范。乾隆皇帝时有临幸，亦足可感受西洋园林的妙趣。可过了十余年，便日久生厌，而想有更为新奇的景观。因此，乾隆二十一年四月初七日，乾隆皇帝再次下旨：

四月初七日，太监胡世杰传旨：长春园“谐奇趣”东边，着郎世宁起西洋式花园地盘样稿呈览，准时交圆明园工程处成造，钦此。于本日郎世宁起得西洋式花园小稿一张，呈览，奉旨：照样准造，其应用西洋画处，着如意馆画通景画，钦此。

在谐奇趣以东，由郎世宁设计地盘，蒋友仁设计水法，王致诚参与装饰绘画的新一轮的造园活动便逐渐开展。由谐奇趣向东扩展，又相继建造了“方外观”“海晏堂”“远瀛观”“大水法”“线法山”“方池”以及“湖东线法墙”。

接着建造的是“方外观”，完工于乾隆二十五年（1760年）。这是一处南北向的建筑，中轴线向南延伸，有四座竹亭。建筑以大理石贴面，加刻回纹装饰。据传这建筑曾被乾隆皇帝赐为“香妃”礼拜之地。

蒋友仁接到设计大水法的任务之前，中国对西洋水法的引介尚处于利用水法做传统农事灌溉的阶段。明末徐光启（1562—1633）在其所著《农政全书》中，便有有一段引述耶稣会士熊三拔（Sabastino de Ursis，1575—1620）于明万历四十年（1612 年）所译《泰西水法》。

《四库全书》提要中称“水法”为“视他器之徒矜工巧为耳目之玩者又殊”，在重视农耕灌溉的中国，重视“水法”，显然并非是为了愉悦耳目之欢：

西洋之学，以测量步算为第一，而奇器次之，奇器之中，水法尤切于民用。视他器之徒矜工巧为耳目之玩者又殊。固讲水利者，所必资也。四卷之末有附记云：此外测量水地度形势高下，以决排江河蓄泄湖淀，别为一法；或于江湖河海之中，欲作桥梁、城垣、宫室永不圮坏，别为一法；或于百里之遠，疏引源泉附流灌注，入于国城，分枝析脉，任意取用，别为一法；皆别有备。

耶稣会士邓玉函（Johann Schreck，1576—1630）于天启七年（1627 年）所著《远西奇器图说》也印有龙尾车由低向高输水的插画。十八世纪初期，法国也有专书详述喷泉类别与制造方法。蒋友仁在接到设计喷泉任务并研究制作工艺时，自然要参考这些书籍。其实早在几年前，圆明园中的其他建筑内，便已使用水法。乾隆九年（1744 年），《御制圆明园图咏》下卷“水木明瑟”

一景的御笔题咏便有“用泰西水法，引入室中，以转风扇。冷冷瑟瑟，非丝非竹，天籁遥闻……”的记载。

“方外观”完成后，“海晏堂”“远瀛观”“大水法”便相继开始建造。蒋友仁重点设计的，便是这三处水法。水法均以机械引流之水驱动，喷泉水法则集全园之精华。海晏堂是整个西洋楼景区内最大的建筑，与养雀笼东西相望，沿东西向轴线展开。主体建筑是为了安置泰西水法机械设备而建，也是整个景区中联结东西两区的主体建筑。

海晏堂两层，十一开间，中间设门，与之连接的还有安放水车水库的十一开间工字殿。主楼门外平台左右对称，布置弧形的石台阶、水扶梯，可沿石阶将水流引至地面水池。水池两侧，各安排六只铜铸喷水动物，分别以动物形象代表地支十二数，亦为十二时辰水法，每隔一时辰，依次按时喷水，至午时，则十二兽首同时喷水，景象蔚为壮观。

这样的水法设计，实际参照了罗马西郊的蒂沃利的埃斯特庄园的设计（约建于 1550 年，为罗马台地式庄园，文艺复兴晚期的著名园林之一）。埃斯特庄园亦以水法著称，在台地布局的场地内，设置不同高度的喷泉水法，其中最著名的水琴，由水流鼓风奏乐。蒋友仁当时就是以此为参考设计了海晏堂和大水法。

海晏堂以东，是石龛式的“大水法”。大水法正北而建，门楼位于整个水法景区的正中。“远瀛观”则筑于大水法北侧大平台上，远瀛观大平台下面有水库，为大水法喷泉提供水源。此处由观水法、大水法和远瀛观三组建筑形成一区较为完整的水法建筑群，构成完整的南北中轴线，与谐奇趣一区遥相呼应。乾隆三十二年(1767年)，为陈列法王路易十六所赠挂毯，远瀛观曾改造过内部，此前一度亦曾是香妃住所。

远瀛观建于高台之上，前部大水法尽收眼底，以西侧海晏堂和东侧线法山为两侧横向展开的衬景，由观水法北望，前低后高、左右均衡，景观轴线在这里得以交汇和转换，突出了大水法为中心的建筑群。游览至此，场面逐渐宏阔而完整，喷泉开放时，更是泉瀑叮咚，应时而起，为西洋楼景区的高潮所在。

王致诚在水法完成之后，便开始大水法装饰画的绘制，主要的工作集中在插屏、挂屏和通景画的绘制上。这些绘画多以美人图为题材，装饰于水法楼的各处，也有一些装饰在室外的油画。《活计档》记载的便有几次：

十一日，接得员外郎安泰押帖一件，内开十月初五日太监胡士杰传旨：盘山引胜轩西洋水法门口，着王致诚画美人一张，含远楼门口旧画接补。钦此。

十九日，接得员外郎安泰、李文照押帖，内开本月十四日太监如意传旨：水法三间楼上插屏，着王致诚画人物绢画二幅。钦此。

二十五日，接得员外郎安泰、金辉押帖一件，内开本月二十一日太监胡士杰传旨：新建水法三间楼上东西墙，挂屏四面，着王致诚用绢画人物四幅。钦此。（三一八）

接连而来的任务，使王致诚在如意馆和西洋楼景区之间不断往返，甚至再无暇顾及欣赏由他们建造的水法美景。他在寄往法国的信中写道：

或许您会问我，“为什么要花费如此冗长的笔墨去描述呢？何不绘制出这个宏伟园林的规划图，一并寄给您呢？”如若这样做，即便我终年无事，专事此图，也至少要花上三年的时日。实际上，我已经一刻不得闲暇，就连给您写心的时间，也是牺牲了休憩挤出来的。另外，如要完成这件画作，还需获准可自由出入园林间，这非常不切实际。

然而，令他印象深刻的，却是这些年来，在圆明园中举行的那些有趣的活动。

园中生活记趣

马国贤虽然在中国的时间并不长，但却是较多侍从于康熙皇帝的少数传教士之一，康熙五十一年（1712年）九月底，马国贤陪着康熙皇帝从热河行宫回到北京，随即便进入畅春园。由于刚刚在热河受命完成《承德避暑山庄三十六景图》，马国贤得以相对自由地出入热河行宫和皇帝位于北京西北郊的行宫畅春园。

显然，作为皇帝在京驻跸和园居理政之地，这里与帝国的政治产生了密切的联系。马国贤甚至在园中经历了康熙皇帝废黜皇太子的宫廷巨变和康熙皇帝驾崩的历史时刻。然而，比起这些重大历史事件的惊心动魄，马国贤在自己的回忆录中，更愿意将在园林中日常的情趣传达给他遥远的欧洲朋友们：

钓鱼累了，皇帝就由妃子们陪同，到怡然亭歇息。树林里有着野兔、鹿和大量的猎物。一些开阔地带种上了谷物和蔬菜，其间散布几块果园和花圃。在所有这些提供了舒适环境的地方，都有康乐场所和太监居所。这儿还有后宫寝院，其门前都有大的空地，每个月举行一次贸易集市，让妃子们娱乐消遣。所有的伙计，都是太监扮的，所以他们展示的是最贵重和最精美的货物。

皇帝参与每年的农事，是清代政治活动中非常重要的典仪。每年，在位的皇帝都要以隆重的仪式祭祀天地，就像他们在天坛、地坛、日坛、月坛、先农坛等处所做的祭祀一样。但相比之下，在园林中的祭祀则带有更多的娱乐色彩。由于祭祀活动并不过分依赖场所的空间权力分布，比如在天坛中的祭天活动，而是更多依赖于皇帝个人的取向，因此，在园林中往往以串联一系列园林中的景点来完成每场祭祀巡游活动。

王致诚便参与了多次的巡游活动，并且目睹了巡游和烟火的盛况。乾隆五年（1740 年）七月十五日时值中元节，刚刚完工的福海一区便迎来了首次中元节放灯的庆典。才在如意馆中渐渐熟悉绘画工作的年轻耶稣会士王致诚，参加了这场盛大的仪式。在给达索先生的信中，他写道：

如要领略到这片湖面的盛景实况，我想您应该在游船环集之时来此游览。水面或波光粼粼、或如镜平湖，时或泛舟，时或垂钓，时或对阵，时或竞舟，时或还有其他娱乐，皆在水面上开展。但至为重要的是，一些晴朗的夜晚，烟火盛宴会在此举行，当是时，园内殿宇齐明，舟船耀目，火树银花。盖因中国烟花技术，胜我国良多，其精彩为所未见。仅就在下个人囿见，中国烟花较之欧陆，无论法国或意大利，皆可完胜之。

这种“游船环集”的场面，在两年后的正月十三日至十九日又在圆明园的“山高水长”举办。乾隆七年（1742年）正月十三日至十九日，每天夕阳西下之际，山高水长便开始烟火。彼时，皇太后和后妃内眷会在楼上观赏，皇帝则率王公大臣、外藩王公和外国使臣在楼前观阅。此后，这样的元宵火戏便从正月十三日起至燕九日收灯，称为“七宵灯宴”，后来遂成园中定例。王致诚再次亲眼目睹了这次灯宴，他在信中难掩对灯宴的赞许：

无疑您应该对中国著名的盛会——元宵节有所耳闻。每年的正月十五皆要欢庆佳节。是日，无论贫富，皆亮灯为乐。灯具花式繁多、大小不一、价分贵贱。元宵盛会之时，举国灯火通明，尤以皇宫中为最，而宫苑中至为美观，容我向您一一描述。彩灯高悬于殿堂廊庑之上，船灯则在水溪池沼中随波逐流。假山与桥梁之上，林木与花树之间，各式灯具巧制玲珑，状如飞禽走兽，花、果、瓶、盆、船艇诸式咸备。

更有以丝绸、牛角、玻璃、母贝等，材质不下千类，亦有饰彩绘刺绣者，不胜枚举，价格各异。有价值千金者，形式繁复，工艺精湛，颇具巧思，美轮美奂，实难尽述之。华人于此及建筑营构之艺匠，实非吾国所能及也。

福海内举办龙舟竞渡，还是在乾隆七年（1742 年）的五月初五日端阳节。是日，乾隆皇帝率王公大臣在西岸望瀛洲亭观阅龙舟竞渡，皇太后和后妃内眷们则在蓬岛瑶台观赏。除了龙舟之外，圆明园的海子内，最常见到的，是一种被称为“月波舻”的游船。其形式也类似于建筑，这些舟舫成为圆明园水上的一道风景，为全园增色不少。

乾隆二十一年七月十五日的一次大型巡游活动，更是将此类祭拜活动的胜况表现得淋漓尽致。此日正值中元节，这天从早到晚，乾隆皇帝从九州清晏出发，开始他一天的巡游与祭拜活动。据《穿戴档》的记载，当日巡游线路如下：

九州清晏——慈云普护（拜佛）——万方安和……清静地（磕头）——安铀宫（磕头）……佛楼（拜佛）……舍卫城（拜佛）……西峰秀色（进早膳）——蕊珠宫……长春园各处（拜佛）……广育宫（拜佛）……勤政殿（办事，引见）——同乐园（进晚膳）——九州清晏——佛楼（拜佛）——古香斋（拜佛）——福海（看河灯）——九州清晏（寝息）。

除了重要祭祀活动之外，圆明园中还有一项有趣的活动，便是皇帝在园中同乐园和含经堂买卖街做“庆丰图”时微服私访式的巡游。“庆丰图”实际上是皇帝奉皇太后在同乐园进膳、看戏逛街的巡游活动。起始于乾隆六年（1741年）正月十三日至二十八日，此后岁以为常。

圆明园中的“买卖街”共有两处，一处位于圆明园西部的舍卫城之南、同乐园以西，呈“丁”字形布局；另一处在长春园含经堂东侧，为单面长排的铺面房。王致诚在来华不到三年，便参与了首次的“庆丰图”活动。活动是在舍卫城与同乐园旁的买卖街进行的。其中有趣的表演，被他详细地记录在给达索先生的信中：

从帝宫起始，筑有通衢，达至小城。小城位于整座宫苑中部，城中有广场，每侧长约一英里，四向皆设城门，以辨方正位；有城楼、墙垣、堞雉、护栏和城垛；大道广场、庙宇市廛、商店衙署、宫殿船埠，无所不备。真可谓北京都城之缩影。

您想必会问，营建此城有什么用意吗？它是皇帝在遇到叛乱或革命时撤退的安全之地吗？它很有可能是为这一目的而营造的，抑或极有可能反映出设计者的另一种构思：即，当皇帝想体察民生时，立即能够在这座具体而微的城池中感受到伟大城市中所有繁华和忙碌的乐趣。

在皇家宫苑内营造设置街市店铺的传统，在中国古代造园活动中也颇为常见。较为著名的，便有南北朝时期宋少帝刘义符在御苑华林园中设店铺并亲身扮演商贾以作乐的记载。唐中宗在长安玄武门亦举办过类似活动。后北宋徽宗亦曾于艮岳内建高阳酒肆，南宋御苑之内更是大为盛行此类市肆，并由太监充任店员以买卖为乐事取悦皇帝。身处门禁森严的宫廷，皇帝虽有生杀予夺、指点江山的权利，但难免有高堂之上的寂寞。王致诚体察到这浮华背后的寂寞，继续写道：

中国的皇帝为彰显其威严，倍受约束，他甚至不能直接向人民展现自己的仪容。即使当他出宫巡察，他对自己所经之地也看不到什么。因其出巡沿途的商业市贾、集镇民居均需闭户，各处施以屏障，到处张贴布榜，以使臣民不得亲见之。出巡之前几小时，必先清道、禁绝人行，有误闯侵道者，必将由其禁卫军严厉处置。无论何时出巡，皆有骈骑开道，森列道路两侧，既为安全计，亦可阻防他人入内。作为中华帝国的皇帝，他们被迫生活在这种怪异的孤独之中，他们只能一直倾力弥补自己在公共娱乐活动的缺位（因其位分尊贵，绝无亲民之可能），不得不别开生面，根据他们不同的口味和幻想，聊以自娱。

王致诚打听到这座小小的舍卫城，便是先帝雍正皇帝肇造的：

在这两朝中（正是因为当朝清帝的父皇下令营建了这座小城），每年中总会有那么几次，小城被拨用作为表演场。宫监入城，乔充商贩市贾，商业、市侩、手艺人等，应有尽有，熙攘往来其中，俨然帝都市廛。在指定的时间，每个太监都穿戴上指派给他的服装，或为工役、或为士卒，推车担筐……简言之，各有其事，各司其职。

当“庆丰图”活动开始的时候，各种有趣的场景便出现了，甚至为了讨好皇帝和皇太后，而故意设置一些颇有戏剧性的冲突：

开埠迎船，商铺开张，陈肆列货，各分路段；四分之一的人贩卖丝绸，余下的人卖棉布；另一条街则贩卖瓷器，还有一条街贩卖漆器。您能买到任何想要的东西，木器衣装、妇女珍饰、旧籍典藏、古玩雅好，应有尽有。酒肆茶坊、行台村店开张，果酱走贩、针线游商等皆沿街吆喝，揽裾而售，均无禁止。而皇帝微服临幸之时，亦与其臣民鲜有区别。每个人为了完成交易任务，都竭尽全力，甚或破口大骂，拳脚相加。集市中的混乱之象，真假难辨，活灵活现。

更有衙役押解闹事者，对簿公堂，申明王法，虽纯属虚构，但却真施以杖责，立即执行，悉以游戏出之，皆在取悦君王。皇帝的这项消遣时常会让他的演员们饱受皮肉之苦。

在这样的表演中，甚至也不忘记“神偷”的角色。一批最轻巧灵活的太监被择以担此重任，若一旦罪行败露，他们会被当众羞辱（至少他们会遭受形式上的谴责），依据罪行程度与性质被当场杖责，甚至会被刺青发配。若他们偷窃得巧妙，就能笑到最后，欢呼雀跃，受到大家的掌声喝彩，而受害者则呼告无门。然而，在市集结束后，所窃之物仍需物归原主。

当然，这些嬉闹的市集，并不是真正的买卖，而是为了取悦皇帝的表演活动。王致诚在记录了这一幕幕有趣的园中生活后写道：

此类市集（如我之前所言），仅为取悦帝后嫔妃而设，王公显贵鲜有获准参与这非同寻常的仪式者，偶有参与，也必须等到嫔妃们玩累回宫之后。市集中展陈与交易的商货，主要归京城商贾所有，商贾委托内监代售，所有交易真实可查，因此市集中的讨价还价并非假装演戏。尤其是皇帝本人总是买很多东西，由此可以确定，商贾们经常能在皇帝身上大捞一笔。一些宫女和太监们还卖便宜货。所有的交易若不是假中存真，就会过于枯燥、一本正经，现在则在熙攘间多了许多热闹和趣味。

这热闹的场景想必给王致诚留下了深刻的印象，他通过书信，给远在欧洲的人们以无限的想象，正如马可·波罗通过游记给西方世界打开了一扇东方世界的窗扇，王致诚这些极具表现力的生动描写，给当时的欧洲带来了中华帝国宫廷之内的真实见闻。在遥远的欧洲，当人们在阅读他信件时，怎能不产生对古老东方帝国的热望呢?

遥远的注视

早在1655年，来华的意大利传教士卫匡国神甫（Martino Martini，1614—1661）在《中华新图》（*Novus Atlas Siensis*）中着重描述了北京的皇宫及其花园：

> ……有一条人工河引进皇宫，可以行舟，它在宫里分成许多小叉，既可交通，也可游乐，它们随着一些小山而曲折，小山在河的两侧，全由人工堆成。中国人对山的奇技发展到极其精细的水平，山上按照特殊的规则种着树木和花卉；有人在花园里见到过非常奇特的假山。

尽管他描述的假山，大部分是金尼阁（Nicolas Trigaut/Trigault，1577—1628）在其《基督徒中国布教记》中记载的南京私家园林中的假山，但的确引发了当时人们对中国园林的美好想象。而纽霍夫记述的中国园林，虽然来自卫匡国的描写，但他直接游历中国，且在其书中所附富于细节的插图（图 4），展现了东方帝国的情调和风貌，令人信服，影响广泛。

到了清代康熙年间，李明（Louise Le Comte，1655—1728）和马国贤则真正地进入宫廷，或担任重要的外交翻译工作，或进行艺术创作，因此能够更为准确地描述其见闻，而并非间接地转述。他们所记述的中国园林情景，也更接近真实的样貌。

李明生活的时代，正是法国古典主义园林的盛期。法国园林中崇尚的对称布局、几何造型、林荫大道等特征在中国园林中全然不见踪影。李明虽以法国古典园林为美，认为相较于重视人工设计的法国园林，中国园林不过是“模仿自然”，或将山石运至园中堆叠假山，缺乏明确的“设计”，甚至“荒芜”得可怜。他在其《中国现状新志》中说：

他们在园林里垒岩洞，造小小的人工假山，他们把整个悬岩峭壁打成一块块的运到园林里来，然后再一块块堆起来，除了模仿自然，没有别的打算。

尽管认为中西方在园林营造上差异巨大，但李明毕竟自觉地认识到这差别源于对自然的态度：一方要对自然宣示人工与理性的伟力，另一方却在对自然报以谦恭的崇尚。

到了马国贤来华的时代，则是康熙皇帝营建畅春园的盛期，情况发生了重大的变化。马国贤不仅游览过畅春园，还到过热河避暑山庄，绘制了《承德避暑山庄三十六景图》，甚至还见证了在园林之内发生的康熙皇帝驾崩和雍正入承大统的历史性时刻，也因此，他对中国造园艺术的理解更为深入。他在自己的回忆录中，对中西方的造园活动进行了比较：

畅春园和我在中国见过的其他行宫一样，和欧洲人的趣味完全不同。我们欧洲人寻求用艺术来排除自然，铲平山丘，干涸湖水，砍倒树木，把曲径拉成笔直的道路，花大钱建造喷泉，栽种成排的鲜花。中国人则相反，用艺术的方法，努力地模仿自然。所以在这些园林中，有假山里的迷宫，很多条幽径和小路横断交叉，有的直，有的曲；地势有的平缓，有的如同陵谷。一些其他的路径跨越小桥，另一些用石块和贝壳铺成的小路则通到山顶。湖里点缀着小岛，岛上建有小型的怡然亭，要靠渡船和桥梁才能上去。

王致诚的书信，在欧洲同样引起了轰动。这位来自法国的传教士，几乎能够自由地出入于遥远帝国的皇家宫苑之内，甚至参与了宫苑花园的建造，其对中国造园艺术和欧洲造园艺术的区别，显然更加关心，理解也更为透彻。在他的书信中，王致诚详细介绍并比较了这遥远两地造园艺术的差异：

他们视其宫室建筑形制为理所当然，对吾国建筑知之甚少。我可否告知阁下，当我展示我国最著名的建筑图片时他们的言论？我国宫殿之高大宏阔，令他们惊讶异常。他们视我国的街道是挖空崇山峻岭才成的通道，视我国房屋为充满了熊兽洞穴的冲天巨石，更视我国之层叠高楼为不可理喻。他们无法想象，我们怎么能每天冒着摔断脖子的危险，攀爬到四五层高去活动。“毫无疑问”清康熙皇帝尝言（虽然他翻阅了我们欧洲的一些屋宇设计），“欧罗巴确乎乃小国寡民者，盖因其无足够土地充疆扩土，只能令其子民居于层屋之上。”我国人立论当与之不同，自具其理也。

王致诚真切地体会到营造观念对于造园艺术的影响。中国园林不仅仅是单纯“模仿自然”，而是在对自然的审美趣味方面有着更为深层的、与欧洲古典主义造园艺术意趣迥异的“观念”。在圆明园内居住了几年之后，他甚至认为自己的审美趣味也有了些许的“中国味”：

而我必须向您坦言，亦无需假装要在两者间分出高下，但因中国营建宫室之法的确令我着迷。自我来华居住以来，我的审美及意趣也有了些许“中国味”呢！朋友之间说实在的，这可不是杜伊勒里宫对面波旁公爵夫人府邸的“趣味”。

然而，他也注意到中国传统建筑中那些整饬的城市、皇城所存在的秩序。但这森严等级之下所产生的建筑，显然没有崇尚天然野趣的园林带给他更多的愉悦，他在信中反思：

这栋建筑内部是不是相当漂亮？而且它仅一层，还在很多方面都合乎中国建筑的形制。每个国家皆有其审美趣味及习俗。我国建筑之美无可争议，因其宏伟高大无出其右者。必须承认，我国的建筑布局规划得非常合理。我国建筑之所有部分皆遵循整体性与对称性，其间无突兀者，各部之间皆有呼应，相得益彰，和谐融洽，统一协调。美的秩序及布局，这在中国建筑中亦有之，特别如我在此信开头所述及的，帝都北京城的宫殿，更是如此。帝王宫殿、王公府第、官衙廨舍、乃至民间富户，屋宇皆遵循了中轴对称、方正严整的规制。

与这整饬的严整相对的，则是追求不规则的美感，从而有了那种突破了他所认为的艺术框框的创作原则，那便是“天然野趣、幽隐逸趣”的融合和多样性的回应自然，以达成“虽由人作，宛自天开”的“人工自然”：

但他们的园林则一改常律，从艺术条条框框的桎梏中解脱开来，追求不规则的美感。他们完全遵循这一原则，他们在这里所要表现的，是天然野趣、幽隐逸趣，而不是严整之宫殿所遵循的艺术原则。我还尚未在这壮阔的园林之中发现有任何两座小宫室是雷同的，无论它们相隔多远。或许您会认为，他们是从别的国家习得了各种样式，或他们的营造都过于随意，所造园林之各部分并无甚关联。当您读至此处时，可能会倾向于想象这样的作品非常可笑，甚至有碍观瞻。殊不知当您身临其境地注视它们，就会折服于这些不规则的艺术。所有绝佳的意境，都被精心营造，其美会渐次呈现。

王致诚接着总结道："见微知著，每一处景致也都值得细细玩味，您会久久徘徊其间，去发现它们的匠心独运，并满足您所有的好奇心。"诚然，在注重自然之美的同时，还有一个应时之美。这当然是和皇帝象征性的农作相结合的。

中国园林自古便有生产功能——农牧的习俗与狩猎的要求——也是构成中国传统园林中一个重要的方面。王致诚在信中便记录了皇帝参与农事躬耕的场景：

有时，市集之后还会做农事。在宫苑中辟出一隅之地，划为专区，从事农作。在此您可以看到田地、草场、农庄与四处散布的小茅舍，牛、犁以及农耕所必需的生产用品齐备。他们于此处播种麦、稻、黍和其他各种谷物。年谷丰登，他们从土地中获得回报。总之，他们在此模仿一切乡土民情，竭尽所能，一事一物，皆显农村质朴，一举一动，皆合民俗。

这些举动虽然并不是皇帝每日亲为的，但是这种象征性的躬耕，也代表了皇帝向往渔樵耕读与隐逸生活的心态。另一方面，在植物培育和种植方面，显然皇家宫苑有更好的条件去荟集各种奇花异草、名卉珍赏。

1760年，来华的法国耶稣会士韩国英便开始对园林中的植物加以研究。他1780年寄回法国的植物标本还保存在巴黎自然历史博物馆，其中一百四十九种在中国内地采集，一百四十四种在澳门采集，包括玉兰、茉莉花、夜来香及秋海棠等常见的观赏性植物。这些来自异国引种的植物，甚至在欧洲宫廷中被广泛种植，应时而动，香溢四方。

在王致诚的书信被译成英文之后，这些来自异国观察者的记录，不仅激发了欧洲文化界和不同国家的众多造园家对中国造园艺术的无限想象，而且使中国造园艺术的原则——从“模仿自然”到“自然而然”，在更广泛的范围内得到认知。这一方面促成了富于中国趣味的“中国风”到“英中式”的流变，同时，欧洲思想界也开始借由对中国造园艺术“想象式的模仿”，开始追逐自己“趣味的自由”。

这方面的代表人物，便是英国的渥尔波尔（Horatio Walpole，1717—1797）。他所设计的浆果山庄园（Estate at Strawberry Hill）内便设计了一座中国式凉亭，可惜似乎并没有建成。但很快他便对中国式建筑产生了厌倦，在给他的朋友曼（Mann）的一封信中他抱怨道：“我们只夸耀我们的朴素，没有雕琢，没有贴金、镶嵌，或者华丽与俗气的东西。”

然而，随着中国建筑在欧洲的传布越来越广，批评的声音也越来越多。1756 年，薛拜尔在一封书信中便对这种风气进行了批评：

> 什么地方都见不到简洁和高尚了，到处都是中国式的或者哥特式的，……住家里的每一把椅子、镜框和桌子，都非中国式不可；墙上糊着中国的壁纸，画满了人像，而这些人，不像是上帝创造的，一个谨慎而有远见的国家，为了孕妇的利益，应该禁止这些画。……然而，对中国建筑的爱好已经泛滥，以致如果一个猎狐人因追逐猎物跳过门槛儿跌断了腿，却发现这门不过是一个四面八方都是零七碎八的木片的中国式门，他就会感到悲哀。

“中国热”在英国很快消退的时候，又在欧洲大陆传播开来，并产生出更为久远的影响。1755 年，娄吉埃在他的《论建筑》(*Marc-Antoine Laugier*：*Essai sur l'Architecture*）中便盛赞中国建筑的优点，并提到王致诚介绍圆明园的《帝都来信》，他建议把中国人的观念跟法国的巧妙地融合起来。到了十八世纪八十年代，英国式的园林在法国流行开来，成为继古典主义之后新兴的建筑与造园潮流，但那些分不清楚或无意辨别历史源流的人们，由于这种潮流来自英国，而呈现出中国的异域样式，便将这种潮流命名为“英中式园林”风格。王致诚在《帝都来信》中描绘的“万园之园”，最终成为另一个文化想象中的现实场景。

崇尚“英中式”风格的热潮在法国大革命的裹挟下失去了它应有的绚烂。1789 年 10 月 6 日，路易十六被民众挟至巴黎城内，凡尔赛宫作为王宫的历史至此终结。在随后到来的法国大革命的恐怖时期，凡尔赛宫被民众多次洗掠，宫中陈设的家具、壁画、挂毯、吊灯和大量物品被洗劫一空，宫殿门窗也被砸毁拆除。1793 年，宫内残余的艺术品和家具全部运往卢浮宫。此后凡尔赛宫沦为废墟达四十年之久。直至 1833 年，奥尔良王朝的路易・菲利普国王才下令修复凡尔赛宫，并将其改为历史博物馆。正如几年后的 1860 年，英法联军冲进王致诚笔下那美轮美奂的“万园之园”——圆明园，两种文化曾在这里激烈地碰撞出巨火，这两座人类文明中的园林瑰宝竟在相似的劫难中走向它们的毁灭。

到了十九世纪，“西方文化中心论”的兴起逐渐淡化了中国文化在西方的热潮。平等双向的中西文化交流，在凡尔赛宫和圆明园这两座代表性的宫殿相继废毁的宿命中戛然而止，但其影响却不会因此而消失。正如一位西方学者所说，“但其后在西方文化中已不可避免地留下了中国文化的烙印，或者说中国文化参与了西方文化传统本身形成”。相信，王致诚在写下书信的那一刻，并不曾理解，在他不远万里来到中国的凝视里，汇聚了怎样融汇中西的潜流。

发现：近代以来之研究

造园可以遵古为法，亦可以洋为师，两者皆不排斥。古今结合，古为今用，亦势所必然，若境界不究，风格未求，妄加抄袭拼凑，则非所取。故古今中外，造园之史，构园之术，来龙去脉，以及所形成之美学思想，历史文化条件，在在需进行探讨，然后文有据，典有征，古今中外运我笔底，则为尚矣。

——陈从周《说园（五）》①

① 陈从周. 说园［M］. 上海：同济大学出版社，1984.

清代教禁与耶稣会解散

我们前往北京，这或许是神的使命，也可能是中国皇帝恩准的。一名官员受命与我们接洽。……一半的行程是水路，吃住皆在船上。我们不能下船登岸，甚至不得在沿途撩起舟侧舷的帘子，一探这神秘帝国的样貌，因为他们说此乃教养和礼仪，这于我们而言，实在是太古怪了。

整个行程与世隔绝，行程中不得窥视窗外，甚至被“禁言”。当王致诚历时数月，穿越数千公里，经历漫长的跋涉抵达帝都宫廷之后，乾隆皇帝虽给他安排了妥帖的生活，但是王致诚的活动，仍被限制辗转在帝都宫苑、宫廷画院和教会驻地的极小范围之内。这是由于先祖康熙皇帝晚年谕令禁教，除了宫廷中供职的耶稣会传教士外，几乎所有的天主教民间传教活动都是被禁止的。王致诚在乾隆皇帝宫廷画院的年代，可以说是一个非常特殊的历史时期。

这情形得追溯到康熙皇帝本人对待天主教的看法。原本康熙皇帝对于天主教在华活动的态度相对开明，他基本延续了清初的做法，即允许传教士自由信教，至于是否可在中国老百姓中间传教，一直没有明确规定。传教士在内地传教，多以“居住”“守坟”“虔修”等名义。像王致诚这样具有明确的、作为宫廷画师派遣任务的耶稣会传教士，是极少数。

1689 年，中俄就北方勘定边界进行谈判时，耶稣会神父法国人张诚和葡萄牙人徐日升神父担任中方代表团的拉丁文翻译。1689 年 9 月 7 日，中俄两国正式签订了《中俄尼布楚条约》，这是中国政府首次与西方国家签订具有现代国际法水准的正式条约。签订此条约的结果使大清与俄罗斯分据了广袤土地，并终结了俄罗斯的东扩。《中俄尼布楚条约》是中国第一次与欧洲国家按照国际法原则谈判达成的条约，也是最早明确使用“中国”一词来指代大清的国际法文件，国体意义上的“中国”首次正式出现于外交条约文件上。

在签订过程中，耶稣会传教士也起到了一定的调解作用。俄方多次私下表示要两位神父为俄方出力，甚至希望在条约的拉丁文本中塞进“中国不在雅克萨建造任何房屋”等字样，但是遭到传教士的拒绝。对此康熙十分满意，他对传教士们说：“和约得以缔结，实赖尔等之才智与努力，尔等为此事出力颇多。”①

由于康熙皇帝对西方新兴科学技术的好奇心，耶稣会神父徐日升、张诚、白晋、安多等被招至内廷，为康熙皇帝讲解量法、测算、天文、格致等西方学术并一连持续多年。同时，耶稣会传教士如郎世宁入侍画院，对康熙皇帝了解西方文化艺术也产生了相当的影响。因此，康熙三十一年（1692年），康熙连下两道谕旨，礼部即奉旨依议：

查得西洋人，仰慕圣化，由万里航海而来。现今治理历法，用兵之际，力造军器、火炮，差往俄罗斯，诚心效力，克成其事，劳绩甚多。各省居住西洋人，并无为恶乱行之处，又并非左道惑众，异端生事。喇嘛、僧等寺庙，尚容人烧香行走。西洋人并无违法之事，反行禁止，似属不宜。相应将各处天主堂俱照旧存留，凡进香供奉之人，仍许照常行走，不必禁止。俟命下之日，通行直隶各省可也。②

康熙的两道谕旨明确表示传教士可以在中国百姓中

① 《徐日升日记》，转引自江文汉《明清间在华的天主教耶稣会士》，知识出版社，1989年，第77页。

② 黄伯禄编：《正教奉褒》，第116-117页。

传播天主教教义，这使天主教在中国发展进入了一个重要历史发展阶段。但康熙对传教士在华的活动也相当关注，并将其看成内部事务，认为必须加以管束。如1706年12月31日的一道旨意就要求在中国传教的西洋教士必向内务府申请印票，写明不回欧洲，凡是拒绝领票者一律驱逐出境。

到了1715年郎世宁来到中国的时候，已经陆续有四十八名传教士领取了印票，其中耶稣会士二十九人，方济各会士九人。对于这些传教士，康熙皇帝对他们多有安抚："尔等有凭据，地方官晓得你们来历，百姓自然喜欢入教。"① 尽管如此，耶稣会传教士们的活动范围仍受到限制。当王致诚于1738年来到帝都北京的宫廷时，自雍正元年（1723年）正式执行的教禁政策，已持续了十五年之久。

天主教在中国面临的传教困难，是相对于天主教在世界范围的传教事业而言的，耶稣会由于传教中自利玛窦以来的"礼仪之争"，与罗马天主教会之间一直存在争议及紧张关系。因此，要理解郎世宁、王致诚在清廷的活动，就需将"礼仪之争"和耶稣会的解散两条线索做一个梳理。

① 顾裕禄. 中国天主教的过去和现在［M］. 上海：上海社会科学院出版社，1989：71-72.

天主教自明末利玛窦来华后，在中国的发展并非一帆风顺。对于中国广大民众而言，理解、认可并接受一个与中国传统文化截然异质的文化需要一个漫长的过程。从当时天主教在中国社会的外部环境看，中国朝野对于天主教仍存有戒备和疑虑心理；从天主教内部来看，在教务发展的同时酝酿着一场深刻的危机。

早期的礼仪之争仍是天主教徒的学术问题，并未演化成国家之间的政治议题，但随着各在华天主教会间竞争加剧，修会各自寻求罗马教廷的支持。当时在各修会内部、修会与修会之间，对于中国的主流文化即儒家文化的宗教性在认识上产生分歧，逐渐演化为一场旷日持久的“中国礼仪”之争。争论逐渐从宗教事务演化成政治事件，而罗马教廷在事件中的态度经历多次转变。其中耶稣会教士们对待中华文化的态度，在一定程度上缓和了这种争议，但由于耶稣会在当时教廷中被其他修会相继攻击，未能促使罗马教廷接受和采纳他们的建议，并且罗马教廷继而又断然颁布了禁止中国天主教徒祭孔和祭祖等礼俗，最终导致清王朝的百年禁教。

礼仪之争集中在两个问题上：一是中国人的祭祖、祭孔活动，其性质究竟是宗教还是习俗；二是造物主应该用何种译名为好。争论从耶稣会内部展开。以利玛窦为首的一派否认祭祖、祭孔含有宗教成分，中国天主教徒也可以参加；当时通用的造物主译名“上帝”“天”“天主”等可继续使用。以龙华民（Nicholas Longobardi，1559—1654）为首的一派则认为，祭祖、祭孔仪式正是基督教所反对的偶像崇拜，应当坚决拒绝；对于造物主的译名，则主张一律使用拉丁文音译作陡斯（Deus）。1628年，在华中外耶稣会士在嘉定召开会议，在这个问题上达成一致：不把祭祖祭孔当成偶像崇拜，认为祭祖与十诫的“当孝敬父母”是一回事。

1687年，巴黎外方传教会的阎当被任命升为宗座代牧。他于1693年3月26日颁布一封牧函，严禁中国礼仪。但在华耶稣会士认为禁止中国礼仪将不利于传教事业，就在1692年派李明返回法国并到罗马为中国传教政策进行申述和辩解。当时欧洲各修会和学术界正掀起与耶稣会的大论战，在天主教会内部有不少人反对耶稣会。1700年10月，巴黎大学的神学家发表一份宣言，支持阎当，反对中国礼仪。

耶稣会士一边向罗马教廷辩解，一边也把欧洲发生礼仪之争的事捅到康熙那里。1700年11月19日，康熙表示赞同耶稣会在中国礼仪上的观点：“敬天及事君亲敬师长者，系天下通义，这就是无可改处”。1704年11月20日，教宗克雷芒十一世批准圣职部决议，严禁中国教徒行中国礼仪，并派多罗主教（1667—1710）为特使，到中国来执行教令。这样，在礼仪之争问题上罗马教会同中国政府发生交涉并最终导致冲突。多罗在南京得知康熙旨意后发布牧函，公布教宗关于中国礼仪的禁令。教宗克雷芒十一世又于1715年3月15日公布《自登基之日》（*Ex Illa Die*）通谕，对于多罗的牧函表示支持，要求所有在华传教士和神职人员在巡视员、宗座代牧或者主教面前宣誓坚决遵守。

康熙获悉教宗克雷芒十一世的禁约后大为震怒，决定在中国全面禁止天主教。他在禁约上亲加朱批："览此告示，只说得西洋人等小人，如何言得中国人之大理。况西洋人等，无一人通汉书者，说言议论，令人可笑者多。以后不必西洋人在中国行教，禁止可也，免得多事。"

礼仪之争是中国天主教历史上延续时间漫长、涉及范围较广的一件大事。罗马教廷禁止中国教徒参加祭祖、祭孔的仪式，而清朝帝皇们似乎在这个问题上也无丝毫让步。康熙在其晚年禁止天主教在中国传播（未严格执行），1723年（雍正元年）清世宗开始严格执行禁教。日后传教士又发生介入世宗与兄弟争夺皇位之事，还有出于民众信奉天主教后国家命令无法贯彻的缘由，以及出于会被西方天主教国家控制的担忧，清世宗下令除留京任职的传教士外，其余一律送往澳门，各地天主堂被拆毁，或改成公廨，屡下禁令，不许民间信仰。清高宗乾隆年间，取缔尤烈，传教活动几乎消失。

康熙年间，新来中国传教的多明我会（Dominican Order）及方济各会（Franciscan Order）教士反对明末以来耶稣会教士容许中国教徒祭天、敬孔、祀祖等礼俗，爆发“礼仪之争”。到 1742 年，教宗本笃十四世（1740—1758 年在位）发布一篇通谕《从上主圣意》，饬令在华传教士，严行禁止中国礼仪，违反者立即调回欧洲接受处罚。此后，罗马教廷一直坚持严禁中国礼仪的立场。“礼仪之争”相继持续了近百余年。

1738 年，王致诚来华之际，是耶稣会与其他教会互相争斗最为激烈的时代，甚至在十八世纪晚期，法国和西班牙等国陆续禁止了耶稣会的活动。到 1773 年 7 月，教廷宣布解散耶稣会。自十六世纪至十八世纪，在华活动过的耶稣会会士总共有九百余名，除一百余名中国人外，其余全是如王致诚这样不远万里而来的外国人，他们在中国服务了近两百年。

而在中国耶稣会传教士的内部，也存在来自不同国家的耶稣会士，法国人、西班牙人、葡萄牙人、意大利人等不同国家传教士之间也存在争宠于清帝以争取传教权利的事实。这也是深刻理解王致诚被派往中国、入侍清朝皇帝担任宫廷画师的宏观背景。虽然王致诚无意于权利的争夺，也屡次推托不就官职，但仍然以自己超群的画艺、细腻的观察以及卓绝的文笔，为这个大的时代留下了独特的印记。

1768年，王致诚在北京去世。仅仅五年后，耶稣会即被罗马教廷宣布解散。在这历史的洪流中，王致诚无意间成为这九百余位耶稣会传教士中，在东西方文化交流方面做出卓绝贡献的一位。尤其处于耶稣会在天主教内部风雨飘摇的时代，王致诚可称做耶稣会传教士来自遥远东方信使的最后一位观察者。

圆明园劫难

王致诚在《帝都来信》中所描绘的圆明园，正处于修造的第二个高峰期，也客观地体现了圆明园在其建设盛期的风貌。王致诚的《帝都来信》，也建构了欧洲对中国园林独特而准确的现场观察。这座被雨果称为“万园之园”的皇家宫苑，最终难逃历史的毁灭性劫难，而这灾难，就来自那个曾经对古老的东方帝国无限向往的、遥远的欧洲。

1856年10月，英国和法国在沙皇俄国和美国的支持配合下，联合发动了第二次鸦片战争。1857年12

月，在经历一年的战争之后广州被攻陷。英法军意图继续北进，强迫清朝签订条约。1858 年 2 月，英、法、美、俄公使分别照会清政府，要求于 3 月底以前派全权代表到上海举行谈判，否则即向白河口进发。3 月底在清廷拒绝了四国的要求后，四国公使决计率领由香港集中到上海的英舰十余艘、法舰六艘、美舰三艘、俄舰一艘分批北上大沽口。

1860 年 9 月 6 日，在战事双方经历了近三年的厮杀之后，清朝咸丰皇帝下达对英国与法国的宣战上谕，命令军机处和王大臣绵愉、载垣、端华、肃顺等："严饬统兵大臣，整顿师律（旅），调集各路马步诸军与之决战。"9 月 10 日，联军先头部队三千余人，自天津向通州方向前进。咸丰帝得悉英、法公使坚欲带兵径赴通州的消息后"决战"的决心又开始动摇，派怡亲王载垣、兵部尚书穆荫取代桂良等为钦差大臣，由通州前往天津，同英法继续谈判，企图挽回"抚局"。双方在通州进行会谈，巴夏礼除坚持原先提出的条件外，又增加了互换和约时须面见皇帝亲递国书以及将张家湾的清军全部撤退等要求。由于双方争执不下，谈判于 9 月 17 日彻底破裂。

9 月 18 日，联军先头部队自河西务越过马头，推进到张家湾附近。咸丰帝再次下谕与英法决战，僧格林沁将英国派往负责洽谈停火谈判代表的巴夏礼和士兵等三十九人扣押进京，率马步军在通州列阵以待。与此同时，联军先头部队与清军在张家湾交战，清军败退至八里桥。随后英法联军与华北地区清军主力，包括科尔沁部僧格林沁野战骑兵、八旗察哈尔、索伦部、甘肃陕西调来的汉军八旗及绿营、京津地区八旗绿营在通州八里桥决战。僧格林沁部全军覆没，胜保在战斗中重伤撤退。随后咸丰皇帝、皇后以及宫廷贵妃等人以北狩为名逃往承德避暑山庄。

10月13日，联军从安定门攻入北京，因在西北区的京郊皇家园林圆明园内发现多具遭清军虐杀的英法使节团员尸骸，遂决定报复中国之野蛮行为，教训中国皇帝使其以后再不得蔑视英国及法国。但当他们真的来到这座皇家园林的门口，依然掩不住地发出惊叹。

法国随军医生阿尔芒写到："它们相当于凡尔赛宫的瑞士人水池的四倍大；而林荫道通向圆明园大门，门前有个很大的广场，四周都是榆树和拒马①。"卡斯塔诺大夫则写道："对这座宏伟建筑，大家没有任何概念，心境都是怪怪的。"保罗·瓦兰描写得更为具体："广场用石头砌成，四边各有一大铜狮，立在三米多高的大理

① 拒马：一种木构的防御攻事，可阻止骑兵向前推进。

石底座上。”历史学家皮埃尔·德·拉戈斯这样描写那个时刻：“大家以为大敌当前，殊不知只是一场《一千零一夜》之梦。据说，面前这座举世闻名的宫殿，在此之前还没有任何一个普通欧洲人见过。还有不确切的传闻说，那里面尽是奇珍异宝。”他们已经遗忘了，一百多年前，他们的同胞王致诚曾经流连于此，并写下关于帝都圆明园的书信。

法国蒙托邦将军这样说：

我和格兰特将军约定去距离北京四法里远的夏宫——圆明园，皇帝差不多总是住在那里。那一带没有大路，树木茂密，交通不便……所以格兰特将军和他的部队走失了方向。我单独到达那座由清兵守卫的宫殿。尽管经过长途艰难跋涉，但我还是命令部队于当晚七时占领它，强行攻入……清兵退出由他们守卫的宫殿，并损失了一些人，其中有个小官吏在院子里被打死。总之，我下令占领了圆明园……

圆明园，这座历经大清帝国几朝倾心修造的皇家宫苑，就这样在几乎未遇抵抗的情况下被法军占领了。接踵而至的是英国军队，他们因为迷路而推进缓慢，他们到达圆明园时，与清朝宫廷的战争谈判还一直在继续。10月16日，俄国公使伊格那提也夫进京。10月17日，额尔金及格兰特照会恭亲王，英方要求赔付因“监禁凌虐”而死人员银三十万两，并拆毁圆明园宫殿。法使要求恤银二十万两，给还各省天主教堂及传教士坟墓，限定：“10月20日照复，10月22日给银，10月23日画押换约”。

1860年10月18日，清廷还未及回复，英法联军便放火、洗劫并烧毁了圆明园。圆明园大火持续了两天，三百多名太监和宫女葬身火海。联军在北京城郊抢掠烧杀近五十天，清漪园、静明园、静宜园、畅春园等均被付之一炬。事后英军贴出布告：

宇宙之中，任何人物，无论其贵如帝王，既犯虚伪欺诈之罪，即不能逃脱其应有之责任与刑罚。兹为责罚清帝不守前约及违反和约起见，决于九月初五日焚烧圆明园，所有种种违约行动，人民未参与其间，决不加以伤害，惟于清室政府，不能不惩罚之也。

同时，俄国公使伊格那提也夫应恭亲王奕䜣之请致书葛罗，正式调停，最终导致了清朝签订《北京条约》。

王致诚怎么也不会想到，他所倾慕的古老东方，他所热爱的皇家园林，他曾激情描绘的人间胜境，就毁在他同胞的火炬之下。1861年11月25日，法国作家维克多·雨果在致巴特勒上尉的信中写道：

……这个奇迹已经消失了。

有一天，两个来自欧洲的强盗闯进了圆明园。一个强盗洗劫财物，另一个强盗放火，似乎得胜之后，便可以动手行窃了。他们对圆明园进行了大规模的劫掠，赃物由两个胜利者均分。我们看到，这整个事件还与额尔金的名字有关，这名字又使人不能不忆起巴特农神庙。从前他们对巴特农神庙怎么干，现在对圆明园也怎么干，不同的只是干得更彻底，更漂亮，以至于荡然无存。我们把欧洲所有大教堂的财宝加在一起，也许还抵不上东方这座了不起的富丽堂皇的博物馆。那儿不仅仅有艺术珍品，还有大堆的金银制品。丰功伟绩！收获巨大！两个胜利者，一个塞满了腰包，这是看得见的，另一个装满了箱箧。他们手挽手，笑嘻嘻地回到欧洲。这就是这两个强盗的故事。

……我们欧洲人是文明人，中国人在我们眼中是野蛮人。这就是文明对野蛮所干的事情。

将受到历史制裁的这两个强盗，一个叫法兰西，另一个叫英吉利。不过，我要抗议，感谢您给了我这样一个抗议的机会。治人者的罪行不是治于人者的过错；政府有时会是强盗，而人民永远也不会是强盗。

法兰西帝国吞下了这次胜利的一半赃物，今天，帝国居然还天真地以为自己就是真正的物主，把圆明园富丽堂皇的破烂拿来展出。我希望有朝一日，解放了的干干净净的法兰西会把这份战利品归还给被掠夺的中国，那才是真正的物主。

现在，我证实，发生了一次偷窃，有两名窃贼。

尊敬的巴特勒先生，以上就是我对远征中国的全部赞誉。

唐在复

1905年，刚从巴黎大学毕业的一个中国青年接到了来自东方故国的信，一如一百多年前王致诚寄往巴黎的信。这是来自晚清帝国总理各国事务衙门的公函，函告命令来自帝国皇帝光绪对庆亲王奕劻的奏折："奏为法日葡三馆参赞各员缺，拟派唐在复等人充往。"这份光绪三十四年十一月的奏折，改变了这个名叫唐在复的二十七岁年轻人的命运，其随即遵命充任驻法大使的随员。这是唐在复作为外交官生涯的第一步，从此开始他长达二十年的跌宕起伏的外交官生涯。

唐在复（1878—1962），字心畬，上海人（图 21）。上海广方言馆生出身，后转送北京同文馆习法文，毕业后赴法国留学，入巴黎大学。唐在复于上海广方言馆修习外文与西学的时期正值晚清洋务运动，他被选为童生以备调遣。

1861 年，客居上海的翰林冯桂芬就提出："宜在广东、上海设翻译公所，选颖悟儿童，住院肄业，聘西人课以西国语言文字，并习经史算学。"这一提议得到李鸿章的首肯。翌年，上海广方言馆就在旧学宫（今学院路四牌楼附近）建立起来了，冯桂芬被举荐为广方言馆馆长。相对于京畿使用的官话，地方语言被叫作"方言"。所谓"广方言"，就是推广方言的意思。清政府把外国语当作"方言"，显然是有点老大自居的傲慢。

上海广方言馆最初拟名为"上海外国语言文字学馆"，此名见于李鸿章请设学馆的奏折。其后，在冯桂芬所拟的试办章程中正式定名为"学习外国语言文字同文馆"，简称"上海同文馆"。此名用了四五年后，1867 年改名"上海广方言馆"。上海广方言馆成立后培养出了第一代精通西文和西学的中国学生。

1872 年 8 月 11 日，一如一百七十年前耶稣会将王致诚派往遥远的东方帝国那样，陈兰彬、容闳率上海广方言馆第一批三十名十四岁左右的学童赴美留学，开中国官派留学生之先河。中国近代著名铁路工程师詹天佑就是第一批留美学生之一。接着，第二批广方言馆学生由上海人祁兆熙率领于 1874 年 9 月 19 日赴美，曾任北洋政府国务总理的唐绍仪即为这批留学生中的一员。上海广方言馆毕业生中，有不少人经选拔后成为中国第一代外交官，如汪凤藻、陆征祥、吴宗濂、刘镜人、唐在复等。

唐在复无疑是这批广方言馆留学生中的重要一员。法国巴黎大学毕业后，其历任驻法使馆随员、二等翻译官、三等参赞官、驻荷兰等国使馆参赞、后任驻法国使馆书记官、代办使事、驻荷兰使馆代办使事、陆军部驻法留学生监督、外务部右参议等。民国成立后，唐在复任外交部参事，并于 1913 年 12 月任驻荷兰全权公使。1919 年，唐在复作为驻荷兰公使，赴巴黎参加了巴黎和会。1921 年 12 月，调驻意大利全权公使。1925 年 10 月去职。后任北京政府外交部编纂处处长。

1931 年，当中国营造学社在《中国营造学社汇刊》中要翻译和刊登法国传教士王致诚的《帝都来信》时，梁思成想到了已是中国营造学社社员并担任汇刊校理的唐在复。此前在 1919 年 8 月，作为驻荷兰公使的唐在复就曾受梁思成之父梁启超之请，派人将其在荷兰莱顿大学藏书楼中发现的《天条书》《太平条规》《太平礼制》等五种太平天国印书史料誊录归国，使其“不致长做来丁（即莱顿）藏书楼之玩品”，而“补吾国历史上之缺憾”。有这种世谊之交，唐在复翻译乾隆画师王致诚的信，实属当然。

已是53岁的唐在复在翻译王致诚书信之时，似乎仍能回忆起早年在巴黎时一个热爱中国文化的法国年轻人向他求教中文的情景。这个法国青年，后来来到中国，担任庆亲王奕劻的家庭法语教师，又在北京创办了著名的“中法大学”并担任校长，他的名字叫铎尔孟。他在中法大学的学生李治华，后来将中国古典文学巨著《红楼梦》全文翻译为法文。这些为中西方文化交流作出贡献的人们，就这样，在漫长的历史长河中，在这一刻，交汇了。

中国营造学社

唐在复加入刚成立不到两年的中国营造学社是在1931年。1929年，因为《营造法式》的缘故，中国营造学社发起创办人朱启钤联合梁思成等人在美国庚款资助下于北京开始一系列关于中国“营造学”的主题讲座，并邀请了很多国内外研究专家来京，比如日本的伊东忠太、德国的鲍希曼等，他们都曾来京公开演讲并与当时的中国建筑研究者交流。这极大地促进了中国建筑研究从传统营造学向当代学科意义的转向。后来，这些讲座渐成气候，从松散的个人的学术讲座发展成有组织的学术团体——中国营造学社。

中国营造学社的投资兴办人朱启钤是光绪年间举人。自 1903 年（光绪二十九年）3 月始，他出任京师大学堂译学馆工程提调及监督，并历任北京外城巡警总厅厅丞、津浦路北段总办。辛亥革命后，1912 年（民国元年）7 月起，朱启钤历任北京政府内阁交通总长，曾短暂顺位代理国务总理，属于梁士诒领导的交通系，并曾兼任京都市政督办等职务。

1915 年（民国四年）袁世凯称帝，朱启钤为主要策划人之一。1916 年 6 月，随着袁世凯迅速灭亡，朱启钤逃到天津英租界，从此逐渐退出政坛。1917 年，他参与经营中兴煤矿股份有限公司和中兴轮船公司，直到 1918 年（民国七年），才被代理大总统冯国璋下令赦免。1918 年 8 月，朱启钤当选安福国会参议院副议长，还发起国人开发北戴河等工程。翌年 2 月南北和谈时，朱启钤任北京政府方面总代表，在上海同南方政府代表唐绍仪交涉。5月和谈破裂后，他再到天津隐居。退出政坛的朱启钤专注于中国传统建筑的研究与保护，并开始对中国古代营造文献产生兴趣，各处搜求古籍善本，并与藏书家陶湘共同对相关旧籍善本进行复刻重刊。

朱启钤早年即爱好建筑和交通，曾负责重建北京市很多重要建筑物，包括天安门广场和中南海大门等，帮助这些建筑得以保存至今。1914年他主持创建中国第一个公园——北平中央公园（今北京中山公园），创建中国第一所博物馆——故宫古物陈列所（后并入故宫博物院），1915年主持拆正阳门瓮城。朱启钤可谓中国社会现代化的先驱之一，尤其对北京城市建设与历史建筑保护做出了历史性的贡献。

1919年初，当朱启钤在南北议和破裂后假道南京，在江南图书馆偶然发现一本旧籍《营造法式》（即丁丙本《法式》）时，他毫不犹豫地认为，此册据传刊刻于宋代的专书或许对中国营造学的研究会有帮助，指出该书“总释”为“工学词典之祖”，具有重要意义。几年前，他就已经开始对一些与中国古代营造相关的文献典籍做系统的收集和整理。由于经常发现旧籍的缘故，这对于他而言，似乎算不上什么重大发现，但对于中国建筑及其研究历史而言，这一发现举足轻重。

随后，朱启钤与江苏省长齐耀琳协商缩付小本石印。翌年上海商务印书馆依原书版式石印为大本，学界简称“丁本”，是现代首部《法式》印本。“丁本”刊行后，朱启钤即以“前影印丁本，未臻完善”，委托著名藏书家、出版家陶湘“搜集诸家传本，详校付梓”。陶湘又召集当时版本研究的众多权威和相关学者，汇集多种公私版本，以中国传统文献学方法展开版本考证和校勘。校勘过程中，作为参校者之一的著名藏书家和版本目录学家傅增湘又在清内阁大库发现宋刊本《法式》残页。陶湘遂遵该残页版式，将汇校成果于1925年付梓，名曰“仿宋重刊本李明仲《法式》”，世称“陶本”，为现代第二个《法式》印行本。

朱启钤发现丁丙本《营造法式》时还不知道，有一位正在北京清华学校读书的年轻人一生的命运，将和这本书紧紧地联系在一起。这个年轻人，就是梁启超的长子——梁思成。梁思成出生于日本东京，那时梁启超还在日本逃避清政府的通缉。1912年辛亥革命后，梁思成随父母回到国内，1915年入北平清华学校（1928年之后的清华大学），1923年毕业于清华学校高等科。

1924年梁思成和林徽音一起赴美国费城宾夕法尼亚大学建筑系学习，在1927年获得学士和硕士学位后，又去哈佛大学学习建筑史，开始研究中国古代建筑。1925年还在美求学的梁思成，收到父亲寄给他的一套古籍，在古籍的扉页上（图 22），梁启超写道：

……一千年有此杰作可为吾族文化之光宠也已，朱桂莘校印甫竣赠我此本，遂以寄思成、徽因俾永宝之。

这套古籍，就是朱启钤在“陶本”《营造法式》出版后，分送给梁启超和王国维的。1928 年，梁思成与林徽音在渥太华结婚后赴欧洲考察各地建筑，回国后在沈阳东北大学（张学良时任校长）任教，在那里创立了中国现代教育史上第一个建筑学系。两年后，梁思成提交了他的博士论文《中国营造史》，此时，他已受邀成为中国营造学社的成员。而之前近一年，他的父亲梁启超则因为手术意外故去了。这个在晚清目睹了中国历史激变的人物，在清华园中走完了他波澜壮阔的人生，而清华大学的校园，正是当年被英法联军焚毁的圆明园一部分。

汇刊译文与发表

1930 年，营造学社成立，办公地点定在天安门内旧朝房。营造学社内设法式、文献二组，分别由梁思成和刘敦桢主持。一方面，在朱启钤的倡导下，中国营造学社开始了大规模的田野调查；另一方面，则开展了针对传统营造典籍和研究文献的发掘、校勘、整理、重刊的工作。这两项工作的重要调查报告和研究成果，都发表在学社的学术刊物——《中国营造学社汇刊》（后文简称《汇刊》）之上。

《汇刊》最早是从整理出版我国传统营造典籍开始筹办的。在第一期的发刊词中，朱启钤这样展望《汇刊》的愿景和未来：

中国之营造学，在历史上，在美术上，皆有历劫不磨之价值。启钤自刊行宋李明仲营造法式，而海内同志，始有致力之涂辙。年来东西学者，项背相望，发皇国粹，靡然从风。方今世界大同，物质演进，兹事体大。非依科学之眼光、作系统之研究，不能与世界学术名家公开讨论。启钤无似，年事日增，深惧文物沦胥，传述渐替。爰发起中国营造学社，纠合同志若而人，相与商略义例，分别部居，庶几绝学大昌，群才致用。……輓近以来，兵戈不戢，遗物摧毁。匠师笃老，薪火不传。吾人析疑问奇，已感竭蹶效梓人传之画堵，积成卷轴，正拟增辑图史，广征文献。又与二三同志，闭门冥索，致力虽劬，程功尚尠，劫运无常。吾为此惧，亟欲并世贤哲，共同讨究，或以知识，相为灌输，或以财物，资其发展。就此巍然独存之文物，作精确之标本。又不难推陈出新，衍绎成书，以贡献于世界。①

可见，营造学社的主要倡导者们在策划学社汇刊出版课题时，即有弘扬国粹学术、通联中西科学的宏旨。《汇刊》第一期主要就是关于《营造法式》以及相关中国建筑研究的，除此之外，还有不少国外学者的研究成果，包括《英叶慈博士营造法式之评论》《英叶慈博士论中国建筑》《叶慈博士据永乐大典本法式图样与仿宋刊本互校记》《伊东忠太博士演讲支那之建筑》和美国亚东社会月刊《建筑中国供电之则例》，且中英文对照。从这些学术成果的发表与收录情况看，既是面对本国学界的，更是面向国际交流的。

在第一期编辑完成后仅四个月，《汇刊》的第二卷就出版了。虽然并未有明确的记载，但从内容的完成度和资料的筹备情况看，显然并非是在这四个月内才进行的。其中，除延续第一卷办刊宗旨对《营造算例》做了较为完善的注释，还扩展到对相关营造文献如《工段营造录》《园冶》等我国传统营造专书的研究推荐上。同

① 《中国营造学社汇刊》第一卷第一期。

时，基于清宫遗留的建筑图纸、烫样和历史文献，展开了对清代皇家园林的史料汇集和整理。这些史料以单行本的形式，出版有《圆明园遗物》《圆明园匾额清单》《热河普陀宗乘寺诵经亭》。向达在《圆明园遗物文献之展览》一文中写道：

咸丰十年九月……初六日（1860 年 10 月 19 日）全园俱付一炬；万园之园，毁于一朝，可胜慨哉！咸丰十年至今，倏忽七十有一年，圆明园遗迹之残毁，与日俱甚。光宣之际，尚可窥见梗概，鼎革以后，即此节后残余，而亦荡为灰烬。同人等不自审其简陋，掇拾丛残，网罗散失，于圆明园之文献遗物，少有所得。用于中国大营造学家李明仲先生八百二十一年忌日，以此中国近代史上一伤心遗迹，陈之于邦人君子之前。既得纪念李先生，并以悼此名园。

除提出以此展览“为国人所当永弗谖者”，还强调了圆明园之于十八世纪欧洲艺术史之意义，并指出圆明园内的西洋建筑为“中西文化交通史上最可纪念之物”。同时，向达倡议收集工程则例、地样、模型、图像等，以启当代之圆明园研究。文后附《圆明园大事年表》并重刊大公报文学副刊《圆明园罹劫七十年纪念述闻》，其中，对圆明园在中西文化交流史上的地位，做了初步的探讨。

在文献方面，第二卷选取了王致诚《帝都来信》之节译作为东西方交流的史料，以法、中文对照刊行，冠以《乾隆西洋画师王致诚述圆明园状况》之名。这个中文节译本的译者，正是唐在复。

译文刊登在《中国营造学社汇刊》第二卷第三期上，堪称汇刊众多外文译文中非常特别的一篇。唐在复选择半文半白的语言，对王致诚的《帝都来信》进行了翻译。今日视之，其文辞华丽，近于文言的翻译，对我们当代理解王致诚的信件，似有隔阂了，但他的翻译，是王致诚《帝都来信》在我国学界的最早版本，并对我国理解西方人如何看待中国，有着独特的价值和意义。

唐氏译文的主要内容节译自法文，其将信中所述之穿越帝国的见闻、前面和后面的客套话去掉，仅就描写圆明园园林的部分进行了翻译。译文共分为二十七节，分别就圆明园自然山形地势、掇山理水、宫室修造、亭台楼阁、风光景致加以细致描写，并将皇帝在园中的日常起居、节庆活动等详加叙述。译文还原了王致诚书信的基本面貌，成为近代以来，我国研究圆明园的外国一手史料。值得指出的是，《汇刊》刊发唐在复节译本的同时，还全文刊载了王致诚书信的法文原文，为此信首次在我国系统刊印流传之始。

其后，由于历史的原因，《汇刊》的这份译文材料即被湮没了。直至我国开始系统翻译《耶稣会士中国书简集》，这些耶稣会士的中国记忆才又回到现代视野之内。

王致诚的遗产

欧洲从十七世纪下半叶就开始兴起“中国热”，并且影响到欧洲近百年的建筑装饰风格。法王路易十四出于对中国帝王神秘后宫的好奇，于1670—1671年间在凡尔赛宫苑中兴建了“特里阿农瓷宫”（Trianon de Porcelaine），这是欧洲最早的带有“中国情调”的建筑物。

就在王致诚的书信发表的第二年，法王路易十五的岳父、退位的波兰国王斯坦尼斯瓦夫一世（Stanisław Leszczyński，1677—1766）便在自己位于法国洛林（Lorraine）地区的法式园林中，围绕一片自然岩石兴建了一座“村舍”，有风车、水车，以及吹风笛的牧羊人，甚至还有洞穴中的隐士。这是在欧洲大陆上根据传教士的书信在园中兴建的第一座“小村庄”。

在这个村庄之内，斯坦尼斯瓦夫用余生创办了斯坦尼斯瓦夫学会，为科学和慈善献身。学会最有名且具有争议的人物是法国启蒙运动的大思想家卢梭。值得一提的是，吉拉尔丹侯爵此时正在洛林为波兰国王效力，他后来在埃尔姆农维尔园中重新拾起了乡间小村庄的想法，并把卢梭当做真正的隐士，安葬在这座园林中。

卢梭《新爱洛绮丝》（*The New Heloise*，1761）中的克拉伦果园（Verger de Clarens），虽然描写的是瑞士和法国的风光，但无疑受到了当时崇尚大自然的哲学和文学思潮的影响。卢梭文学作品中创造的克拉伦果园与英国诗人申斯通（William Shenston，1714—1763）笔下的利索尔斯园（Leasowes），与来华耶稣会传教士们信中的中国皇家园林一起，交织在人们争相传阅和吟咏的文学作品中，成为十八世纪欧洲人乐于借鉴的造园蓝本。人们无疑在申斯通、卢梭和中国皇帝身上发现了值得模仿的“品味”。

耶稣会传教士们的书信为十八世纪欧洲基于对东方古国展开的各种想象而主导的“英中式”园林潮流的扩散和建造，提供了具体和有力的支持。从利玛窦开始，欧洲在经历了近百年的东方想象之后，在王致诚的信以及画笔所描绘的“万园之园”中，终于切实地感受到这个神秘东方古国的文明是如此辉煌。

王致诚的书信与其后继者英国造园家威廉姆·钱伯斯（William Chambers，1723—1796）1757年出版的《中国建筑、家具、服装和器物的设计》（*Designs of Chinese Buildings, Furnitures, Dresses, Machines, and Utensils*）一起，被公认为欧洲十八世纪有关中国园林最重要的著作，在整个欧洲、尤其在英国产生了极大的反响。这两本著作的问世，对欧洲人模仿中国园林的热潮起到了巨大的推动作用，使得欧洲中国文化热与中国园林热广泛流行。短短几十年间，在欧洲大陆上兴建起不少中国式园林。

向达在《圆明园遗物文献之展览》一文中即指出：

> 十八世纪时西洋耶稣会士东来，以一技之长，供职宫廷者不乏其人。震于圆明园之瑰奇伟丽，驰书西国，津津乐道。文艺复兴以后，西洋美术上之洛可可主义（Rococo）即为此一时期之反映。而圆明园乃成为当时西洋园林理想之境，至欲与欧洲仿而造之，虽未能就，而其为西洋人士倾倒之概。则至今未衰。

十八世纪欧洲，浪漫主义的洛可可风格，又进一步地吸收和接纳了这种富于异国情调的设计，以满足他们喜好新颖、标榜奇特的构思及形式。在华耶稣会士们因为地位特殊，服务于中国皇室，可以进入到真实的中国园林之内，所以在受到欧洲大陆文化界的鼓舞和请求后，便以书信和铜版画的形式，向欧洲发回珍贵的“独家报道”。

王致诚在信中所描述的圆明园，正符合了当时欧洲对中国的想象，以及他们要寻求突破古典束缚和崇尚自然趣味的需要。那时英国正处于浪漫主义运动的前夜，先浪漫主义者在中国园林中见到了他们所需要的艺术形式。透过诸如“sharawadgi”这样一些模棱两可的概念，他们在推崇一种具体的饶有自然野趣的“画境”设计的同时，也在阐述和崇尚一种能够培养他们所追求的精神和情感的形式，而不仅仅是所谓的“自然之美”。这也是为什么王致诚的书信在英国更受欢迎，进而又反过来影响欧洲大陆的原因。

其实，王致诚来华的那一年，也就是1738年，英国白金汉郡（Buckingham shire）附近的斯托园中建造了目前发现最早的中国亭。时人参观时曾这样描述此建筑：“在池塘中间的土堆上有一座中国式建筑，既稀奇古怪，又十分引人，但是对这种建筑形式，从绘画上和其他著作上已经为人所知，能够见到它也没什么稀奇的。”可惜此亭未能保存至今。

早期的“中国风”建筑，还呈现在斯塔福德郡的舒巴勒（Shugborough）庄园之内，那里有一座中国式亭园，大概建于1747年。1757—1763年间，钱伯斯在丘园（Kew Gardens）中又陆续兴建了二十六座小建筑，包括称为“孔子之家”的中式阁楼（建筑师Joseph Goupy，？—1782）和著名的“中国塔”（图23）。这座宝塔堪称当时欧洲人仿建最准确的中式建筑。1762年，钱伯斯在设计它时参考了荷兰人纽霍夫描绘的南京大报恩寺琉璃塔。

作为较为集中建造“中国式”园亭的英国，其园林中遗存了众多中式建筑，如钱伯斯1772年在阿姆斯伯里宫（Amesbury Hall）兴建的“中国亭”、建筑师霍兰德（Henry Holland，1745—1806）1787年在沃邦修道院（Woburn Abbey）中兴建的“中国乳品场”（Chinese Dairy）等。此外，建筑师阿布拉汗姆（Robert Abraham，1774—1850）1817年前后在沃邦修道院的湖泊中兴建了一座中式的三层小阁楼，名为“阿尔通塔”（Alton Tower）。这些中式园亭，很快变成一种英国所特有的式样，反哺欧洲的园林设计思潮。

从十八世纪七十年代起，法国开始成为欧洲模仿中国园林艺术的中心。法国人统称这些十八世纪的新园林为“英中式园林”，究其原因，并非是因为艺术风格分别来自英、中两国，而是英国人惠特利（Thomas Whately，1726—1772）的《近代造园图解》（*Observations on Modern Gardening Illustrated by Descriptions*，1770）和钱伯斯的《东方造园论》（*A Dissertation on Oriental Gardening*，1757）几乎同时传入法国，几乎令人难以分辨英、中两国园林的差别，因而笼统地将之称为“英中式园林”。

1753年，由于王后乌尔利卡非常喜爱中国文化，瑞典国王腓特烈一世在位于斯德哥尔摩市郊的皇后岛上离王宫不远的地方专门为她修建了中国式楼阁。这是一座中国式宫殿与法国洛可可融合的建筑，整个建筑由主厅和呈弓形的两翼构成，宫顶仿中国宫殿装饰并刻意雕龙，但无琉璃瓦。

1771年，尚蒂伊（Chantilly）庄园中兴建的“中国亭”，这是法国园林中的第一座中式建筑，而最有名的是小城安布瓦兹（Amboise）附近尚特鲁（Chanteloup）庄园中的宝塔，这座七层八角的石塔高约三十七米，建于1775—1778年间，造型同样模仿了南京大报恩寺琉璃塔。

在德国园林中最早出现的中式建筑是无忧宫（Schloss Sanssouci）的“中国茶亭”（Chinese Teahouse，

图24），建于1754—1757年间，位于无忧宫的一侧，该建筑也被称为“中国楼”（Chinesisches Haus）。中国茶亭是一座圆亭，周围站立有各种亚洲形态的人物雕像，整个亭楼外壁包括所有雕像都用镀金装饰，顶部有根据中国传说而想像制作的猴王雕像。中国茶亭是欧洲园林中最著名的中式建筑之一。

腓特烈大帝喜好各种文化，对中国也充满好奇和向往，因此建造此楼。他尽力搜集了各种来自东方的物品如丝绸和瓷器，以装饰自己的中国茶亭，并在布置上力求奢华以对应自己心目中那个富裕华丽的东方世界。但遗憾的是，他本人一生从未真正离开过欧洲，而同期的欧洲与中国的交流又相当有限，因此在布置包括雕像设计时，都大量掺杂了西方人包括大帝本人对东方的想像。

米歇尔·德韦兹在《十八世纪中国文明对法国英国和俄国的影响》中指出：

人们对中国文化的爱好直到十八世纪末才有所衰退，这是因为对庞培城重新发现的古代艺术的爱好超过了对中国文化的兴趣。此外，中英战争对于许多是中国式的英国园林也是一场灾难。最后，有商波梁（1790—1832，法国著名埃及学者）释出的古埃及象形文字将取代如同装饰图案的表意文字（指汉字）的地位。头戴假发的人们用一种异国情调排斥了另一种。从此以后，殖民化改变了远东和西方之间的关系。但是，欧洲和随后的美国只是依靠枪炮才将他们的趣味爱好强加于中国。①

陈志华也在其《中国造园艺术在欧洲的影响》中指出：

在中西文化交流史上，中国造园艺术在欧洲的影响，情况之热烈，时间之长，范围之广，程度之深，都是少有的。这一场造园艺术的“中国风”，牵动了欧洲十八世纪最杰出的知识分子，包括英国的坦伯尔、谢夫兹拜雷、艾迪生、蒲伯，法国的伏尔泰、卢梭、狄德罗和德国的康德、歌德、席勒。这是一件值得大书特书的重要事件。②

在中国园林文化输出的早期，建造形式和风格特征

① 米歇尔·德韦兹，达观. 十八世纪中国文明对法国、英国和俄国的影响［J］. 法国研究，1985（02）.

② 陈志华. 中国造园艺术在欧洲的影响［M］. 济南：山东画报出版社，2006：4-5.

基本上依靠的是不同时期的来华外国人（如传教士、商人、军人等）的描述而产生的文化想象。这种经由丝绸、瓷器、家具等具体事物乃至造园艺术的移植而产生的“文化想象”，一定程度上，也是不同文化类型间从接触到再阐释的过程。有关研究者指出：

> 诚然，十七至十八世纪的中国风设计是对中国艺术不真实的反映，与真正优秀的中国艺术相去甚远，但是，它却真实地反映了十七至十八世纪的欧洲对中国的向往，以及他们心目中的中国，虽然这种理解充满了谬误。……事实上，混淆与误解才是文化交流中经常出现的真实现象。①

即便如此，在中西文化交流史上，这样的影响仍然是深远和广泛的，在十七至十八世纪，欧洲不同国家兴造了众多“中国式”园林（表1），使“中国传统园林”的概念和意象广泛传播，见证了那个特殊时期不同文化间对交流的认同与实践——尽管对今天的人们而言，那个时期的交流充满了各种各样的误解、曲解与混淆，但是，人们依然会充满憧憬地想象那浪漫的异邦。正如霍

① 袁宣萍．十七至十八世纪欧洲的中国风设计［M］．北京：文物出版社，2006：246.

纳尔所言：

今天，虽然没有人相信，那个由华托、布歇、毕芒等人描绘过的，在十七、十八世纪的瓷瓶和漆器上栩栩如生的美丽而浪漫的国度，曾在历史和地理的概念中真实存在过，但这个鲜花盛开的乐土却从此留在记忆中——诗一般的舒适浪漫：花园中开放着杜鹃花、牡丹花和菊花，生活中最重要的事，莫过于在宁静的湖边一个带棂格窗的亭阁中坐下来，喝一杯茶，在柳树感伤的枝条飘拂下，聆听笛子和叮当作响的乐器中流淌出来的音乐，人们在无忧无虑地跳着舞，永远跳着，跳着，在美妙的瓷做的宝塔中间。①

表 1　十七至十八世纪部分“中国式”园林建造实例表*

园林名称	国家	建筑师	建造时间
斯道维花园（Stowe Garden）	英国	Bridgeman、Vanbrugh、Kent	1714 年
切斯威克府邸（Chiswick House）	英国	Kent	1734 年

① Huge Honour. Chinoiserie: The Vision of Cathay [M]. John Murray Ltd. London, 1961, New York, 1973. 译文参照：袁宣萍. 十七至十八世纪欧洲的中国风设计 [M]. 北京：文物出版社，2006：247-248.

（续表）

园林名称	国家	建筑师	建造时间
阙根南花园（Twinkenheim Garden）	英国	Laerte，Pope	1718—1723 年
斯道维花园（Stowe Garden）改建	英国	Brown	1748—1763 年
中国宫殿	瑞典	不详	1753 年
无忧宫中国茶亭（Chinese Teahouse）	德国	Johann Gottfried Büring	1754—1757 年
丘园（Kew garden）	英国	Chambers	1758—1763 年
拉布里什园林（La Briche Garden）	法国	不详	十八世纪上半叶
商迪府邸（Chanteloup）	法国	不详	1772 年
小翠安侬花园（Trianon Garden）	法国	Antonie Richard	1774 年
蒙梭花园（Monceau Garden）	法国	Carmontelle	1773 年始建、1787 年、1860 年扩建
塞维涅伯爵园林	法国	不详	1774 年
蒙维勒园林（Monville Garden）	法国	不详	不详
巴嘎代勒花园（Bagatelle Garden）	法国	Belanger	路易十六时期
圣詹姆士花园（Saint-James Garden）	法国	Belanger	1782 年

（续表）

园林名称	国家	建筑师	建造时间
木兰村（Moulang）	德国	Dury、Jussow	1781 年
英国园（Englischer Garden）	德国	Skell	1804 年
奥朗宁波姆花园（Oranienvaum Garden）	德国	不详	不详
魏玛公园	德国	Goethe	1778 年
海迦花园（Haga Garden）	瑞典	Piper	1780 年
沙皇村花园	俄国	不详	不详

注：此表系据陈志华《中国造园艺术在欧洲的影响》中有关内容整理，本书作者扩充相关内容。

然而，这些中国风情的园林与建筑，像昙花一现般，在欧洲大陆短暂盛开之后便迅速归于沉寂。随着耶稣会的解散和中华帝国的迟暮，虽然整个欧洲陷于对中国文化的热望和想象之时，远在东方的中华帝国，却被迫迎来了欧洲大陆的坚船利炮。在第一次鸦片战争的枪炮声中，这个东方古国，很快就失去了她的神秘感，取而代之的，则是欧洲文化对中国的贬抑、轻蔑和不屑。

随着 1773 年耶稣会被罗马教廷强制解散，来自东方的消息逐渐断绝了。在欧洲人看来充满异国情调和雅致风范的中国文化，开始逐渐失去“欧洲的价值典范作用”：

它的文化也同样失宠，被轻视和贬低，中国园林的热潮很快过去，人们甚至为过去如此迷恋这个孱弱的民族而感到奇怪。两个多世纪间，从伏尔泰到黑格尔，欧洲人对中国从崇拜向往变成了居高临下、不闻不问，两种态度同样令人吃惊。中国没有变，变化的是欧洲对中国的态度和欧洲的中国形象。①

① 冯江，刘虹．中国建筑文化之西渐［M］．武汉：湖北教育出版社，2008：211.

明轩：再次连接东西方的庭园

1977年秋天，美国“中国古代绘画考察团”首次访华，时任纽约大都会博物馆亚洲部主任、普林斯顿大学艺术考古系主任的美术史家方闻先生随团来访。他此次来访中国，除了常规的古代绘画考察和交流任务之外，还有一个特殊的目标——要为纽约大都会博物馆藏的一批中国绘画和明式家具的展陈设计考察适合的参考范本。

最早提出在纽约大都会博物馆建造一座中国式庭院想法的人是纽约大都会博物馆董事、阿斯特基金会（Vincent Astor Foundation）负责人文森·阿斯特夫人。她曾在北京度过了童年时光，并终生保持着对中国文化的热爱。阿斯特基金会为博物馆刚刚购得一批中国明代家具，需要专门设计一个陈设空间。

访问首先抵达北京，相继考察了北京、福建、浙江、上海等省市内的古建筑，最后来到苏州。方闻在考察苏州园林时，与同济大学教授、古建筑园林专家陈从周会面，并一同参观了苏州园林。在交谈的过程中，他们一致认为网师园的殿春簃是衬托明代家具的最佳背景。

当时，陈从周刚刚重新启动他的园林学术研究。对苏州园林了如指掌的陈从周，对网师园可谓情有独钟。一方面，陈从周是近代著名画家张大千的入室弟子，张大千及其兄弟张善子曾寓居于网师园，殿春簃原为他们的画室，名曰“大风堂”；另一方面，在多年研究和保护古建筑园林过程中，陈从周对网师园的造园艺术推崇备至，指出网师园是公认的“小园极则”，具有“少而精，以少取胜”“宜静观”的特征。而这些，也正符合方闻在大都会博物馆建造中国庭园的意象。

1978年春，方闻回到美国后，便以博物馆的名义致信时任中国国家文物局局长的王冶秋，请求帮助建园。国家文物局将信转到建设部城建局要求协助，建设部致电苏州园林处得到肯定的答复后，文物局和建设部向国务院报告。

5月26日，经国务院研究同意后，国家建委下发“〔78〕建发城字275号”文件：“经国务院批准，我国将为美国纽约大都会博物馆仿苏州网师园‘殿春簃’建造一座中国庭院”。其后不久，陈从周与相关人员即受邀筹建大都会博物馆内的中国庭园“明轩”。

在“明轩”工程进展期间，中国领导人特别批准四川省采伐部分楠木供应，还恢复苏州陆墓御窑烧制砖瓦。同时，派出能工巧匠和专业技术人员在苏州足尺建造园林建筑之后，方才将建造构件整体运至美国，在美国纽约大都会博物馆组装“再造”。

1980年，“明轩”在纽约大都会艺术博物馆内建成开放（图25）。相比于王致诚《帝都来信》中为西方世界所描绘的“万园之园”的东方胜景激起的想象，“明轩”的建造被广泛视为当代中国传统园林首次输出国门的标志性事件。陈从周（图26，图27）的个人探索，也开启了中国传统园林作为“文化产品”和传统代表的文化交流之先河。自此之后，中国传统园林开始在欧美和澳洲等地相继建成并开放（表2）。

表2　1980年以来部分中国传统园林输出实例表*

园林名称	国家	建造地点	建造时间	园林面积
明轩	美国	纽约大都会艺术博物馆	1980年5月	400平方米
芳花园	德国	慕尼黑国际园艺博览会亚洲区	1982年10月	540平方米
燕秀园	英国	利物浦市人工湖岸	1984年5月	900平方米
华逸园	加拿大	温哥华市中山公园内	1986年4月	1 000多平方米
谊园	澳大利亚	新南威尔士州悉尼市达令港	1988年1月	10 300平方米
郢趣园	德国	杜伊斯堡是国王山动物园内	1988年5月	5 400平方米
茶花园	澳大利亚	瓦加瓦市植物园内	1988年8月	750平方米

（续表）

园林名称	国家	建造地点	建造时间	园林面积
梦湖园	加拿大	蒙特利尔市植物园内	1991 年 6 月	25 000 平方米
清音园	德国	斯图加特市	1993 年	2 000 平方米
谊园	荷兰	格罗宁根市荷托斯植物园内	1993 年	6 700 平方米
中国园	瑞士	苏黎士湖区	1993 年 5 月	3 400 平方米
锦绣中华	美国	佛罗里达州其士美市	1993 年	76 英亩
友宁园	美国	圣路易斯密苏里植物园内	1994 年	3 000 平方米
中国花园	美国	凤凰城市中心	1997 年	3 000 平方米
得月园	德国	柏林东部马尔灿公园内	1997—2000 年	30 000 平方米
寄兴园	美国	纽约斯坦顿岛植物园内	1999 年	1 500 平方米
兰苏园	美国	波特兰市唐人街	1998—2000 年	3 700 平方米
中国园	美国	洛杉矶市亨廷顿庄园内	2006—2008 年	12 英亩
中国园	美国	华盛顿美国国家树木园内	2006 年始建	5 公顷
中国梦公园	比利时	布吕热莱特市	2006 年 6 月	5 公顷
兰园	新西兰	达尼丁市	2007 年 1 月	约 3 000 平方米

＊此表主要系据冯江、刘虹《中国建筑文化之西渐》附录 5 有关内容整理，本书作者有所增补。

纽约大都会博物馆内的“明轩”建成之后，更多的中国传统园林，在不同的国家和地区被建造起来。以“明轩”为肇始和代表的中国园林文化的输出逐渐更为直接和专业。中国传统园林，重新成为重要的文化交流形式和物质载体，为世界了解中国传统园林文化提供了途径。

“中国园林”作为一个整体的概念，不再是单纯的“建筑式样”或“艺术风格”进入世界艺术殿堂。此时距离王致诚在北京宫廷画室的书案前，提笔写下那封影响欧洲认识中国并推动“中国风”造园风潮的1743年，已经整整过去近二百四十年了。东西方园林文化，又重新交汇，开出绚烂的文化之花。

参考文献

[1] 邓玉函.远西奇器图说[M].天启七年(1627)版.

[2] 年希尧.视学[M].雍正十三年(1735)版.

[3] 谈迁.北游录[M].北京：中华书局，1960.

[4] 邹一桂.小山画谱(“画论丛刊”标点本)[M].北京：人民美术出版社，1960.

[5] 清内务府档案文献汇编(1—9卷)[D].全国图书馆文献缩微复制中心，2004.

[6] 第一历史档案馆.清中前期西洋天主教在华活动档案史料(1—4卷)[M].北京：中华书局，2003.

[7] 第一历史档案馆，香港中文大学文物馆.清宫内务府造办处档案总汇(7—10卷)[M].北京：人民出版社，2005.

[8] 中国营造学社.中国营造学社汇刊[M].北京：知识产权出版社，2006.

[9] 梁思成.梁思成全集[M].北京：中国建筑工业出版社，2001.

[10] 中国圆明园学会：圆明园(1—5卷)[M].北京：中国建筑工业出版社，2007.

[11] 〔法〕谢和耐，戴密微，等.明清间耶稣会士入华与中西汇通[M].耿昇，译.北京：东方出版社，2011.

[12] 〔法〕费赖之.在华耶稣会士列传及书目[M].冯承钧，译.北京：中华书局，1995.

[13] 〔法〕杜赫德.耶稣会士中国书简集(1—4卷)[M].耿昇，等译.河南：大象出版社，2005.

[14] 徐宗泽.明清间耶稣会士译著提要[M].上海：上海书店出版社，2010.

[15] 上海博物馆.利玛窦行旅中国记[M].北京：北京大学出版社，2010.

[16] 〔意〕马国贤.清廷十三年：马国贤在华回忆录[M].李天纲，译.上海：上海古籍出版社，2013.

[17] 〔法〕亨利·柯蒂埃.18世纪法国视野里的中国[M].唐玉清，译.上海：上海书店出版社，2006.

[18] 〔法〕佘敷华，张芝联.中国面向世界：中法友谊的历史文化见证[M].北京：生活·读书·新知三联书店，2007.

[19] 陈志华.中国造园艺术在欧洲的影响[M].济南：山东画报出版社，2006.

[20] 王道成，方玉萍.圆明园：历史现状论争（上、下卷）[M].北京：北京出版社，1999.

[21] 杨伯达.清代院画[M].北京：紫禁城出版社，2016.

[22] 聂崇正.郎世宁的绘画艺术[M].北京：人民美术出版社，1993.

[23] 李超.中国早期油画史[M].上海：上海书画出版社，2004.

[24] 童寯.东南园墅[M].童明，译.长沙：湖南美术出版社，2018.

[25] 戴逸.乾隆帝及其时代[M].北京：中国人民大学出版社，2018.

[26] 童寯.论园[M].北京：北京出版社，2016.

[27] 陈从周.梓翁说园[M].北京：北京出版社，2016.

[28] 钱锺书.七缀集[M].北京：生活·读书·新知三联书店，2002.

[29] 孙若怡.圆明园西洋楼景区的园林建筑与精致文化[M].北京：商务印书馆，2009.

[30] 余三乐.清代宫廷中的外国人[M].北京：中华书局，上海古籍出版社，2010.

[31] 〔美〕孟德卫.1500—1800：中西方的伟大相遇[M].江文君，姚霏，等译.北京：新星出版社，2007.

[32] 李倍雷.中国山水画与欧洲风景画比较研究[M].北京：荣宝斋出版社,2006.

[33]〔法〕法国华夏建筑研究学会.法中历史园林的保护及利用[M].北京：中国林业出版社,2001.

[34]〔法〕法国华夏建筑研究学会.圆明园遗址的保护和利用：法中文本[M].北京：中国林业出版社,2002.

[35] 董少新.感同身受：中西文化交流背景下的感官与感觉[M].上海：复旦大学出版社,2018.

[36]〔法〕孟德斯鸠.孟德斯鸠论中国[M].许明龙,编译.北京：商务印书馆,2016.

[37]〔法〕雅克玲・泰夫奈.西来的喇嘛[M].耿昇,译.广州：广东人民出版社,2017.

[38] 袁宣萍.十七至十八世纪欧洲的中国风设计[M].北京：文物出版社,2006.

[39]〔美〕吴欣,〔英〕柯律格,等.山水之境：中国文化中的风景园林[M].北京：生活・读书・新知三联书店,2015.

[40] 祝平一.说地：中国人认识大地形状的故事[M].北京：商务印书馆,2016.

[41] 林洙.中国营造学会史略[M].天津：百花文艺出版社,2008.

[42]〔法〕博西耶尔夫人.耶稣会士张诚：路易十四派往中国的五位数学家之一[M].辛岩,译.郑州：大象出版社,2009.

[43] 贾珺.中国皇家园林[M].北京：清华大学出版社,2013.

[44] 贾珺.圆明园造园艺术探微[M].北京：中国建筑工业出版社,2013.

[45] 郭黛姮,贺艳.圆明园的“记忆遗产”：样式房图档[M].杭州：浙江古籍出版社,2010.

[46] 郭黛姮,贺艳.数字再现圆明园[M].上海：中西书局,2012.

[47] 程子衿.乾隆花园[M].北京：故宫出版社,2016.

[48] 程子衿.天子的写真[M].北京：故宫出版社,2016.

[49] 罗山著.职贡图：古代中国人眼中的域外世界[M].广州：广东人民出版社,2017.

[50] Dr. Christian Striefler (Direktor), Dirk Welich (Herausgeber). China in Schloss und Garten: Chinoise Architekturen und Innenräume[M]. Sandstein Kommunikation GmbH, Dresden, 2010.

[51] Gerd-Helge Vogel. Chinoise Architekturen in Deutschen Gärten[M]. Pückler Gesellschaft e. V, Berlin und Verlag und Datenbank für Geisteswissenschaften, Weimar, 2014.

[52] 赵岩.明清西洋风绘画研究(1579—1840)[D].南京：东南大学,2006.

[53] 王珏.年希尧《视学》研究[D].北京：中央美术学院,2013.

[54] 张燕.郎世宁绘画艺术研究[D].西安：西安美术学院,2018.

[55] 陈受颐.十八世纪欧洲之中国园林[J].岭南学报,12(1)：35-70.

[56] 清宫廷画家郎世宁年谱：兼在华耶稣会士史事稽年[J].故宫博物院院刊,1988(02)：29-71.

[57] 洪再新.传通与归属：十八世纪欧洲与中国美术交流叙要[J].新美术,1987(04)：24-30.

[58] 杨伯达.郎世宁在清内廷的创作活动及其艺术成就[J].故宫博物院院刊,1988(02)：3-26, 90-98, 1.

[59] 杨伯达.十八世纪中西文化交流对清代美术的影响[J].故宫博物院院刊,1998(04)：70-77, 93-94.

[60] 莫小也.近年来传教士与西画东渐研究评述[J].美术观察,1997(03)：55-65.

[61] 朱建宁，张文甫.中国园林在 18 世纪欧洲的影响[J].中国园林，2011，27(03)：90-95.

[62] 聂崇正.“线法画”小考[J].故宫博物院院刊，1982(03)：85-88.

[63] 聂崇正.清宫法国画家王致诚[J].紫禁城，1981(06)：35，42.

[64] 聂崇正.王致诚的《十骏马图》册[J].紫禁城，1981(06)：38-39.

[65] 聂崇正.《乾隆平定准部回部战图》和清代的铜版画[J].文物，1980(04)：61-64，104.

[66] 聂崇正.郎世宁和他的历史画、油画作品[J].故宫博物院院刊，1979(03)：39-43，97-99，3.

[67] 聂崇正.王致诚、艾启蒙和潘廷章的油画[J].美术，1990(10)：60-62，40.

[68] 聂崇正.清朝宫廷铜版画《乾隆平定准部回部战图》[J].故宫博物院院刊，1989(04)：55-64，2.

[69] 聂崇正.故宫倦勤斋天顶画、全景画探究[J].美术研究，2000(01)：64-68.

[70] 聂卉.贴落画及其在清代宫廷建筑中的使用[J].文物，2006(11)：86-94.

[71] 聂卉.清宫通景线法画探析[J].故宫博物院院刊，2005(01)：41-52，157.

[72] 明晓艳.清宫洋画家王致诚考略[J].文物，2006(02)：92-95.

[73] 果美侠.论 17—18 世纪天主教会对清宫西洋画家的选派[J].故宫博物院院刊，2016(03)：115-129，162-163.

[74] 张凤梧.样式雷圆明园图档研究概述[A].《圆明园》学刊第十四期：“纪念圆明园罹劫 152 周年暨世界遗产视野中的中国圆明园遗址”学术讨论会专刊[C].中国圆明园学会，2013：16.

[75] 胡光华.传教士与明清中西绘画的接触与传通(下)[J].美术观察，

1999(11)：73-75.

[76] 胡光华.传教士与明清中西绘画的接触与传通(上)[J].美术观察，1999(10)：79-82.

[77] 汤开建.清宫画家法国耶稣会修士王致诚在华活动考述[J].国际汉学，2012(02)：196-223.

[78] 李晓丹，王其亨.中国园林西传研究[J].学习与探索，2011(04)：252-256.

[79] 吴静子，王其亨，赵大鹏.从 Garden，Landscape Garden 到 Landscape Architecture：西方风景园林观念中的中国文化因子[J].中国园林，2015，31(02)：79-83.

[80] 李晓丹，王其亨，金莹.17—18 世纪西方科学技术对中国建筑的影响：从《古今图书集成》与《四库全书》加以考证[J].故宫博物院院刊，2011(03)：113-125，161.

[81] 袁艺，王伟.从清宫内务府造办处档案中窥探乾隆朝院画特点[J].艺术探索，2009，23(05)：20-21，39，156.

[82] 刘江峰，王其亨，陈健.中国营造学社初期建筑历史文献研究钩沉[J].建筑创作，2006(12)：153-158.

[83] 李晓丹，王其亨.清康熙年间意大利传教士马国贤及避暑山庄铜版画[J].故宫博物院院刊，2006(03)：44-51，156.

[84] 韦羽.清宫画家法国传教士王致诚(Jean-DenisAttiret)新探[J].广东技术师范学院学报，2009，30(05)：89-91，97.

[85] 王致诚.帝都来信：北京皇家园林概览[M].段建强，译.上海：同济大学出版社，2018.

后记

明末徐光启尝云："欲求超胜，必先会通，会通之前，必先翻译。"本书之成，原是我翻译王致诚《帝都来信：北京皇家园林概览》的副产品，算是累积近十年的文献史料连缀而成的故事。我也自知其浅薄与疏陋，本未存出版的幻想，便将之束阁有日，任其沉浮。然而，幸得同济大学出版社吕炜女士之鼓励，在审校译稿时，偶然述及的事竟为她所重，督促我将这散碎的史料，合着我的想象、她的热忱写这册小书。于是，感其盛情，这一年来，我意虽怠惰，但重新翻阅旧籍，不免想起近十年译稿期间的缘分种种，时时提笔，沉溺其间，确也不亦乐乎。每当夜深人静，便与旧籍中的人物、风景、事件重逢，这些片段实在有趣，但也松散难解，草蛇灰线，偶有所得，欢喜自在。

《帝都来信》最早作为耶稣会士书简在欧陆广为传播之时，正是东、西方文明处于历史激变的前夜，如王致诚这样的人物，虽无关宏旨，但其具体而微的记述，不意间竟跨越时空，成为当时西方世界认识东方、当下我们理解历史的珍贵资料。欧陆翻译此信作为认知想象东方的渠道，进而促成了“英中式园林”的滥觞，可谓东、西方文明交流史上的一朵奇葩；二十世纪三十年代，唐在复先生将之节译发表于《中国营造学社汇刊》至今，虽屡被提及、引证，但全本之译介、系统之研究，尚不充分。

本书所叙述的，正是清代自法国东来的耶稣会士王致诚服侍宫廷画院之事。王致诚书信中记载了康乾时期圆明园的风物盛况，就个体认识而言虽不免偏颇，却在十七、十八世纪的东、西方文化交流中起到可观的作用，对世界园林文化的融汇作出独特的贡献。本书只能算是对我所译《帝都来信》的一个小小的导读，实难称为严谨的历史研究。我也非专门的历史学者，只是凭了个人的喜爱，积攒起一点史料，所思所感，发于笔端，但求它们不至于淹没。

我写作这册小书，蒙吕炜女士不弃，慧眼识珠，敦促砥砺，此书方得以出版，佳谊难忘！因此，这一册小书权作引玉的砖砾，以飨读者的好奇，使这历史的残片，发些悠远的辉光。内子张桦与悠然二儿，作为本书第一批读者，提出了宝贵的修订建议，使之顺畅可读，殊为感念！

卢永毅师自余攻读博士期间，便以宏阔的历史视野，将《帝都来信》古本示余，励余十年而成此小册，并慨然作序，我学力难称，徒增愧色。刘天华师伯更以难得的热忱，为我指点迷津，鞭策鼓励，赐序于前，提携后进如是！师挚之谊，铭感为谢！

段建强

丁酉除夕之夜，草于陋室定阁

戊戌正月初十修订于我在书店

作者简介

段建强，同济大学建筑与城市规划学院建筑历史博士（2006—2012）、复旦大学文物与博物馆系高级访问学者（2009—2010）。现任教于河南工业大学。主要研究方向为中西方园林史、近代学科史、城市遗产保护及更新。曾参编《陈从周全集》（编委、主编第五卷）、译著《无限之境：法国十七世纪园林及其哲学渊源》《帝都来信：北京皇家园林概览》、专著《从谐奇趣到明轩：十七至二十世纪中西文化交流拾遗》等。